# 독자의 1초를
# 아껴주는 정성을
# 만나보세요!

세상이 아무리 바쁘게 돌아가더라도 책까지 아무렇게나 빨리 만들 수는 없습니다.

인스턴트 식품 같은 책보다 오래 익힌 술이나 장맛이 밴 책을 만들고 싶습니다.

땀 흘리며 일하는 당신을 위해 한 권 한 권 마음을 다해 만들겠습니다.

마지막 페이지에서 만날 새로운 당신을 위해 더 나은 길을 준비하겠습니다.

즐 거 운
프로그래밍
경      험

# 모두의
# HTML5
# & CSS3

16일 만에 배우는 웹 사이트 제작 기초!

김인권 지음

HYPER
TEXT

WOW!

MAP

3 5

Cascading Stylesheets

길벗

# 모두의 HTML5 & CSS3

HTML5 & CSS3 for everyone

**초판 발행** · 2018년 8월 30일
**초판 4쇄 발행** · 2022년 5월 20일

**지은이** · 김인권
**발행인** · 이종원
**발행처** · (주)도서출판 길벗
**출판사 등록일** · 1990년 12월 24일
**주소** · 서울시 마포구 월드컵로 10길 56(서교동)
**대표전화** · 02)332-0931 | **팩스** · 02)323-0586
**홈페이지** · www.gilbut.co.kr | **이메일** · gilbut@gilbut.co.kr

**기획 및 책임편집** · 김윤지(yunjikim@gilbut.co.kr) | **디자인** · 배진웅 | **제작** · 이준호, 손일순, 이진혁
**영업마케팅** · 임태호, 전선하, 지운집, 차명환 | **영업관리** · 김명자 | **독자지원** · 윤정아

**교정교열** · 김희정 | **전산편집** · 도설아 | **출력 및 인쇄** · 북토리 | **제본** · 신정문화사

ISBN 979-11-6050-565-8 93000
(길벗 도서번호 006943)

정가 18,000원

· · · · · · · · · · · · · · · · · · · · · · · · · · · · · · · · · · · · · · · · · · · · · · · · · · · · · · · · · · · · · · · · ·

**독자의 1초를 아껴주는 정성 길벗출판사**

**(주)도서출판 길벗** | IT실용, IT전문서, IT/일반수험서, 경제경영, 취미실용, 인문교양(더퀘스트) www.gilbut.co.kr
**길벗이지톡** | 어학단행본, 어학수험서 www.eztok.co.kr
**길벗스쿨** | 국어학습, 수학학습, 어린이교양, 주니어 어학학습, 교과서 www.gilbutschool.co.kr

페이스북 · www.facebook.com/gbitbook

저 같은 비전공자도 프로그래밍에 입문할 수 있도록 도와주는 친절한 책입니다. 예전에 다른 프로그래밍 책을 몇 번 본 적이 있는데 중간에 포기하곤 했습니다. 하지만 이 책은 웹 사이트 예제를 반드시 완성해서 결과물을 보고 싶다는 강력한 동기부여가 있었습니다. 무엇보다 레이아웃을 작업할 때 position과 float 속성에 따라 고려해야 할 점이 잘 정리되어 있어 도움이 되었습니다. 또한 실습을 마쳤을 때 프로젝트 하나를 완성했다는 성취감을 느낄 수 있어 더욱 좋았습니다.

**이종범 | 30대, 서비스 기획자**

*실습 환경: 윈도 10

---

HTML & CSS 입문자도 웹 개발의 개념을 쉽게 이해할 수 있는 책입니다. 어려운 웹 개발 용어를 일상생활에 빗대어 쉽게 풀어 설명합니다. 무엇보다 HTML과 CSS를 처음 배울 때 누구나 겪을 법한 어려움이 있는데, 저자 역시 비슷한 어려움을 겪었고 그 과정에서 얻은 노하우를 정리해 주어 고마웠습니다. 또한 레이아웃과 태그 사용, CSS3 애니메이션 실습 예제는 실무에서 바로 사용할 수 있는 코드로 구성되어 유용했습니다. HTML과 CSS를 처음 접하는 분에게 이 책을 추천합니다.

**조승연 | 20대, UI 개발자**

*실습 환경: macOS

---

예전에 HTML과 CSS를 배우다 복잡한 이론 때문에 포기한 적이 있는데, 이 책 덕분에 다시 시작할 수 있었습니다. 이 책은 이론에 치우치지 않고 실제 페이지를 만드는 작업을 중심으로 진행하므로 꼭 필요한 내용만 효율적으로 배울 수 있습니다. 웹 페이지를 제작하기 위한 레이아웃의 개념을 설명하면서 저자가 겪은 일을 풀어낸 개발 노트도 꽤 재미있었습니다. 처음부터 천천히 읽어 본 후 실습 파일을 활용해 하나하나 확인해 나가면 HTML과 CSS를 무난히 그리고 기분 좋게 시작할 수 있을 것입니다.

*실습 환경: 윈도 10

**김세나 | 30대, 프리랜서 강사**

66

이 책이 출간되기 전에
최초의 독자가 먼저 읽고 따라 해 보았습니다.
베타테스트에 참여해 주신 모든 분께 감사드립니다!

99

웹 개발에서 가장 중요한 것은 무엇일까요? 디자인, 기능, 효과, UI/UX 등 떠오르는 요소가 꽤 있을 것입니다. 모두 중요하지만 웹 개발에서 가장 먼저 익혀야 하는 것은 '레이아웃'에 대한 이해입니다. 개발자에게 "이거 한 개만 더 추가해 주세요"라고 말하는 건 건축가에게 이미 다 지어 놓은 건물에 "방 하나만 더 추가해 주세요"라고 말하는 것과 같습니다. 이처럼 레이아웃을 잡는 과정은 웹 개발에 있어서 매우 중요한 기초를 잡는 과정입니다.

저는 웹 개발과는 전혀 관련이 없는 사람이었습니다. 그랬던 제가 대학을 졸업하고 광고회사를 다니면서 IT서비스 및 디지털 광고를 기획하면서 개발에 강한 매력을 느꼈습니다. 결국 2014년 10월에 광고회사를 그만 두고 독학으로 개발 공부를 시작했습니다. 처음에는 웹 사이트를 하나 제작하고 개발 언어를 하나 익히는 데도 어려움이 많았습니다. 하지만 지금은 앵귤러나 리액트 같은 웹 기술뿐만 아니라 안드로이드나 스위프트 같은 다양한 개발 언어를 비롯한 프레임워크와 라이브러리를 학습하면서 다양한 경험을 쌓고 있습니다.

이 책의 실습 결과물인 키즈가오는 처음으로 외주를 맡아 제작한 웹 사이트입니다. 퇴사하고 3개월 동안 HTML, CSS, 자바스크립트, 제이쿼리를 공부한 다음 사수 없이 처음부터 끝까지 혼자서 웹 사이트 제작을 진행했습니다. 시행착오도 많았지만 그 덕분에 어떤 방식으로 웹 사이트를 제작하는 것이 효과적인지 저만의 방법이 생겼습니다. 그렇게 레이아웃 작업을 진행하면서 직접 체험하고 배운 내용이 이 책의 바탕이 되었습니다.

레이아웃에 영향을 미치는 HTML과 CSS 요소, position과 float 속성을 사용할 때 주의할 사항 등 실무에서 마주치는 레이아웃 문제를 어떤 방식으로 해결할 수 있는지를 소개합니다. 'Apple은 사과'처럼 단편적인 정보만 전달하기보다는 실제 웹 사이트를 직접 구현하면서 레이아웃에 대한 기본 개념을 이해하도록 구성하였고, 실무에서 사용되는 제작 방식이나 유의 사항 등도 최대한 담았습니다.

SPECIAL ★
*Thanks To*

책을 쓸 수 있도록 응원해 준 부모님과 인선이, 키즈가오 웹 사이트를 멋지게 기획하고 디자인한 다은이와 경이, 자료를 제공해 준 용호, 키즈가오 강의 콘텐츠를 제작하는 데 도움을 준 형진이, 본문 내용을 검토하는 데 도움을 준 세나에게 모두 감사합니다.

김인권

이 책의
구성과
활용법

이 책은 크게 다음과 같이 네 부분으로 구성되었습니다.

**DAY 01-03**
웹 사이트 제작에 필요한 언어와 레이아웃의 종류를 알아봅니다. 공간을 정의하는 HTML을 주요 태그를 중심으로 살펴봅니다.

**DAY 04-06**
웹 사이트의 디자인을 담당하는 언어인 CSS를 입문자의 시선에서 설명합니다.

**DAY 07-11**
CSS 안에 숨겨진 레이아웃의 비밀을 알아봅니다. 웹 사이트에 생명을 불어넣는 CSS3 신조어 등 한 걸음 더 나아간 내용을 살펴봅니다.

**DAY 12-16**
지금까지 학습한 HTML과 CSS의 기본 개념을 바탕으로 키즈가오 웹 사이트 실습을 진행합니다.

**예제소스 내려받기& 활용법**

이 책에 나오는 모든 예제 프로그램은 완성된 파일 형태로 내려받을 수 있습니다. 책을 보면서 하나씩 직접 만들어 보길 권하지만 해결하기 어려울 때는 완성 예제 파일과 비교하면서 만들어 보길 바랍니다.

① 길벗출판사 홈페이지(www.gilbut.co.kr)에 접속합니다.

② [독자지원/자료실] → [자료/문의/요청]에서 도서명으로 검색하여 예제 파일을 내려받습니다.

③ 원하는 폴더에 내려받은 파일의 압축을 풀면 Exercise 폴더가 생깁니다.

④ Day 02를 참고하여 서브라임 텍스트를 설치하고 [File] → [Open Folder]를 선택합니다. ③에서 내려받은 Exercise 폴더를 선택하면 장별로 예제 소스를 확인할 수 있습니다.

```html
File  Edit  Selection  Find  View  Goto  Tools  Project  Preferences  Help
FOLDERS                    i_static_layout.html    ×
▼ ■ Exercise          1   <!DOCTYPE html>
  ▶ ■ 10장           2   <html>
  ▶ ■ 11장           3   <head>
  ▶ ■ 12장           4       <meta charset="UTF-8">
  ▶ ■ 13장           5       <title>정적인 레이아웃</title>
  ▶ ■ 14장           6
  ▶ ■ 15장           7       <style>
  ▶ ■ 16장           8
  ▶ ■ 1장            9           .wrapper {
  ▶ ■ 2장           10               width: 960px;
  ▶ ■ 3장           11               margin: 0 auto;
  ▶ ■ 4장           12           }
  ▶ ■ 5장           13
  ▶ ■ 6장           14           header, footer {
  ▶ ■ 7장           15               width: 960px;
  ▶ ■ 8장           16           }
  ▶ ■ 9장           17
                    18           nav, section {
                    19               float: left;
```

목차

첫째
마당

# 웹 사이트 설계를 위한 HTML

## 둘째마당 웹 디자인을 담당하는 CSS

## 셋째마당 웹 사이트 제작 한 걸음 더

## 넷째 마당    만들어 보자! 키즈가오 웹 사이트

1

첫째마당

# 웹 사이트
# 설계를 위한
# HTML

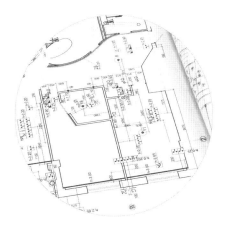

# DAY 01 웹을 구성하는 요소

웹 사이트를 제대로 만들려면 개발 언어 말고도 알아야 할 것이 몇 가지 더 있습니다. 웹 사이트를 만들 때 사용하는 개발 언어와 레이아웃의 종류 및 고려 사항을 알아보겠습니다.

## 1 HTML, CSS, 자바스크립트

웹 사이트는 다음 세 가지 개발 언어를 사용해 만들 수 있습니다.

- HTML
- CSS
- 자바스크립트(JavaScript)

개발 공부를 처음 시작하면 듣도 보도 못한 용어가 쉴 새 없이 등장해 정신을 차릴 수가 없습니다. 때로는 생소한 용어가 뿜어내는 압박에 눌려 나아갈 힘을 잃기도 합니다. 이런 압박감에서 벗어나려면 자신만의 방식으로 용어를 재해석하는 과정이 필요합니다.

웹 사이트를 만드는 과정은 집을 짓는 과정과 비슷합니다.

그림 1-1 집 = 웹 사이트

일단 집을 지으려면 설계 도면이 필요합니다. 안방, 거실, 부엌, 화장실과 같은 공간을 정의하고, 해당 공간에 대한 간단한 정보를 도면에 작성합니다. 이후 여러 건축 재료를 사용해서 건물을 올리고 벽지를 붙이고 가구를 배치하는 인테리어 작업을 합니다. 마지막으로 디지털 도어록이나 자동센서조명과 같은 생활하는 데 편리한 기능을 추가합니다.

집 짓기 과정을 웹 사이트 제작 과정에 적용해 보겠습니다. 설계 작업은 HTML이 담당합니다. 웹 사이트에 접속했을 때 눈에 보이는 정보(텍스트와 이미지 등)를 HTML로 입력합니다. 공간과 정보에 디자인을 입히는 역할(공간 크기 설정, 글자 색 변경 등)은 CSS가 담당합니다. 마지막으로 이미지에 슬라이드 효과를 적용하거나 팝업 알림 등 주요 기능을 구현하는 작업은 자바스크립트가 담당합니다.

정리하면 HTML은 설계, CSS는 디자인, 자바스크립트는 기능을 담당한다고 볼 수 있습니다.

그림 1-2 웹 사이트 제작 과정과 집 짓기 과정

TIP
이 책은 HTML과 CSS를 학습하는 책이므로 자바스크립트 언어는 다루지 않습니다. 자바스크립트를 몰라도 이 책의 내용을 학습하는 데는 문제가 없습니다.

## 2  웹 사이트 레이아웃의 종류

과거에는 웹 사이트에 접근하려면 데스크톱으로 접속하는 방법 말고는 없었습니다. 하지만 최근에는 스마트폰이나 태블릿 PC 등 웹 사이트에 접속하는 기기가 매우 다양해졌습니다. 다양해진 접속 기기는 웹 사이트 레이아웃 제작 방식을 크게 바꾸었습니다.

과거에는 데스크톱 화면만 고려하여 기획·디자인·개발을 진행했다면, 최근에는 스마트폰, 태블릿PC, 키오스크, 스마트워치 등 다양한 접속 기기를 고려하여 웹 사이트를 제작합니다. 그만큼 단계가 복잡해졌습니다.

웹 사이트 레이아웃의 종류는 크게 네 가지로 구분할 수 있습니다.

- 정적 레이아웃
- 동적 레이아웃
- 적응형 레이아웃
- 반응형 레이아웃

각 레이아웃의 특징은 브라우저 너비에 따라 웹 사이트 공간의 크기와 배치가 어떻게 변하는지 살펴보면 쉽게 파악할 수 있습니다.

### 정적 레이아웃

정적 레이아웃은 공간의 크기가 변하지 않는 고정 레이아웃입니다. 적응형이나 반응형 레이아웃이 등장하기 전까지 가장 많이 사용된 레이아웃입니다. 공간의 크기가 고정되어 있어서 브라우저 너비를 줄이면 다음과 같이 브라우저 하단에 가로 스크롤이 나타납니다.

그림 1-3 **브라우저 하단에 나타나는 가로 스크롤**

정적 레이아웃으로 제작된 웹 사이트는 다양한 기기(데스크톱, 스마트폰, 태블릿PC 등)에서 접근했을 때 몇 가지 문제가 발생할 수 있습니다. 데스크톱 화면보다 크게 제작된 웹 사이트를 데스크톱에서 접근하면 콘텐츠가 잘린 상태로 출력되면서 가로 스크롤이 발생합니다.

스마트폰이나 태블릿PC, 키오스크, 스마트워치에서는 웹 사이트 크기가 각 기기 화면에 맞게 자동으로 조정되면서 콘텐츠가 작게 출력됩니다. 사용자는 손가락으로 특정 영역을 터치해 확대하면서 웹 사이트를 이용해야 하므로 불편합니다.

그림 1-4 **정적 레이아웃: 브라우저 너비를 줄이면 브라우저 하단에 가로 스크롤이 나타남**

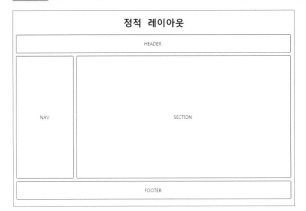 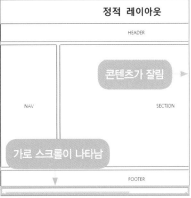

● **예시 화면**: Exercise/1장/1_static_layout.html

> 책에서 제공하는 예제 파일은 길벗출판사 홈페이지(www.gilbut.co.kr)에서 '도서명'으로 검색한 후 내려받을 수 있습니다. 해당 HTML 파일을 크롬 브라우저에서 열면 예시 화면을 볼 수 있습니다.

이처럼 정적 레이아웃은 데스크톱, 스마트폰, 태블릿PC 등을 모두 고려해서 웹 사이트를 제작하기에는 적합하지 않습니다. 이러한 문제를 해결하기 위해 최근에는 스마트폰과 태블릿 환경에 적용할 수 있는 적응형이나 반응형 레이아웃으로 웹 사이트를 제작하는 경우가 많습니다.

## 동적 레이아웃

동적 레이아웃은 브라우저 너비와 상관없이 화면에 콘텐츠가 꽉 채워지도록 제작하는 방식입니다. 브라우저 너비가 바뀌면 공간 크기가 동적으로 변하기 때문에 가로 스크롤이 나타나지 않습니다.

동적 레이아웃은 공간 크기에 따라 글이 나열되는 방식이 달라지므로 종종 문제가 생길 수 있습니다. 예를 들면 브라우저 너비를 늘렸을 때 일부 콘텐츠가 가로로 길게 나열된다거나 줄였을 때 세로로 길게 나열되어 전체 레이아웃이 틀어지는 문제가 생길 수 있습니다.

<u>그림 1-5</u> **동적 레이아웃: 브라우저 너비에 따라 공간의 크기가 달라짐**

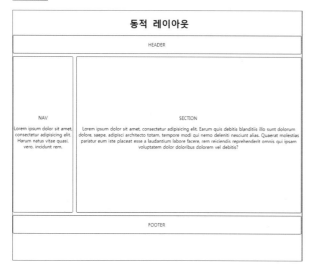

● **예시 화면**: Exercise/1장/2_liquid_layout.html

## 적응형 레이아웃

적응형 레이아웃은 브라우저 너비에 따라 레이아웃이 변경되는 방식입니다. 정적 레이아웃처럼 공간의 크기는 고정되지만 사용자가 정의한 여러 가지 너비에 따라 레이아웃 형태가 바뀐다는 특징이 있습니다.

정적·동적 레이아웃과 달리 스마트폰, 태블릿PC, 데스크톱 등 다양한 기기 화면을 지원합니다. 또한 이후에 살펴볼 반응형 레이아웃보다 제작 시간이 적게 드는 장점도 있습니다.

그림 1-6 **적응형 레이아웃:** 브라우저 너비를 줄이면 공간과 레이아웃 배치가 달라짐

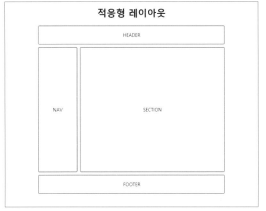

- **예시 화면**: Exercise/1장/3_adaptive_layout.htm

## 반응형 레이아웃

반응형 레이아웃은 브라우저 너비에 따라 공간의 크기가 달라지는 동적 레이아웃과 공간의 배치가 달라지는 적응형 레이아웃 방식을 결합한 레이아웃입니다.

그림 1-7 **반응형 레이아웃:** 브라우저 너비를 줄이면 공간이 재조정되면서 레이아웃 배치가 달라짐

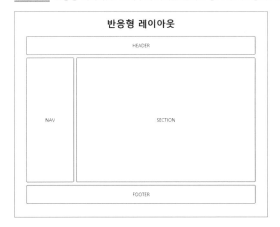

- **예시 화면**: Exercise/1장/4_responsive_layout.html

과거에는 데스크톱과 모바일에 대응하기 위해 웹 사이트를 기기에 맞춰 따로 제작했습니다. 최근에는 거의 볼 수 없지만 웹 사이트 주소에 m.xxx.com처럼 앞에 m이 들어간 주소를 보았다면 그 웹 사이트가 바로 모바일 버전용 웹 사이트입니다*.

적응형·반응형 레이아웃이 등장하면서 데스크톱과 모바일 양쪽에 모두 대응하는 웹 사이트 제작이 가능해졌습니다. 덕분에 사용자는 가로 스크롤 없이 어느 기기에서나 대응하는 웹 사이트 화면을 편안하게 볼 수 있게 되었습니다. 개발자 역시 기기에 맞춰 웹 사이트를 별도로 제작할 필요가 없어지면서 개발 비용을 줄일 수 있게 되었습니다(대신 기획자와 디자이너는 그만큼 더 깊게 고민해야 합니다).

## 3 크로스 브라우징

사용자마다 웹 사이트에 접속하는 웹 브라우저가 다를 수 있습니다. 브라우저 종류에는 인터넷 익스플로러(Internet Explorer, 줄여서 IE라고 함), 크롬(Chrome), 사파리(Safari), 파이어폭스(Firefox), 오페라(Opera) 등이 있습니다. 또한 같은 브라우저라 해도 버전이 다를 수 있습니다. 인터넷 익스플로러만 하더라도 익스플로러 1~11, 익스플로러 엣지까지 다양한 버전이 있습니다.

사용자가 어느 브라우저의 어떤 버전으로 접속할지 알 수 없으므로 개발자는 웹 사이트를 다양한 브라우저와 버전에 대응할 수 있도록 제작해야 합니다. 이를 크로스 브라우징 작업이라고 합니다.

크로스 브라우징은 브라우저의 종류와 버전에 상관없이 웹 사이트가 동일하게 보이는 것은 물론 정상으로 작동되게끔 하는 기법입니다. 원래는 브라우저 종류마다 HTML 언어를 처리하는 방식이 다르기 때문에 브라우저 화면에는 조금씩 다르게 나타납니다. 또한 일부 HTML 언어는 하위 버전의 브라우저(예를 들어 익스플로러 6, 7 등)에서 적용되지 않는 경우도 있습니다.

---

* 참고: 네이버 모바일 웹 사이트(https://m.naver.com/)

개발자 사이에서는 크로스 브라우징 작업을 할 때 익스플로러 시리즈를 '공공의 적'이라고 부릅니다(우리나라에는 아직도 익스플로러 하위 버전을 사용하는 기관이나 사용자가 많습니다). 버전에 따라 지원하는 언어나 기술이 다르기 때문에 기획, 디자인, 개발 과정에서 표현할 수 있는 영역도 한계가 있습니다. 따라서 내가 사용하는 개발 언어의 특정 기능을 어느 브라우저에서 어떤 버전부터 지원하는지 꼭 확인해야 합니다.

Can I use(http://caniuse.com/)는 특정 언어의 지원 여부를 브라우저 버전별로 보여 주는 웹 사이트입니다. 웹 사이트에 접속하고 입력 칸에 HTML, CSS, 자바스크립트의 특정 태그나 명령어를 입력하면 지원하는 브라우저 버전을 알려 줍니다. 예를 들어 ❶ audio 태그를 입력하고 ❷ Show all을 누르면 ❸ IE6/ 7/ 8 버전에서는 지원하지 않는다고 알려 줍니다.

그림 1-8 Can I use 웹 사이트에서 브라우저 지원 여부를 확인할 수 있음

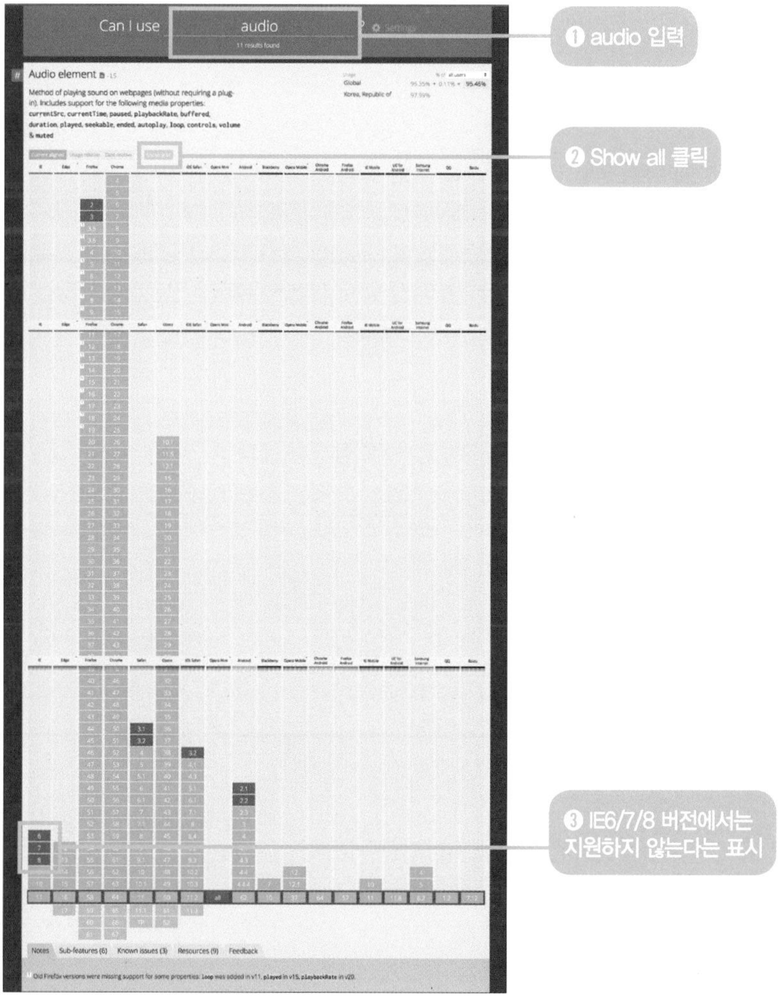

## 4 웹 표준

웹 사이트를 제작하는 데 '반드시 이렇게 해야 한다'라는 강제 규칙은 없습니다. 즉, 마음만 먹으면 개발자가 의도한 대로 웹 사이트를 만들 수 있습니다. 하지만 개발자마다 웹 사이트를 다른 방식으로 제작하면 유지 보수를 하거나 작업한 결과물을 다른 개발자에게 인수인계할 때 문제가 생길 수 있습니다. 이러한 이유로 웹 기술을 표준화해야 한다는 목소리는 커져 갔고 이때 등장한 조직이 W3C입니다.

W3C(World Wide Web Consortium, 월드 와이드 웹 컨소시엄)는 웹 사이트를 제작할 때 필요한 가이드라인을 개발하고 장려하는 조직으로 팀 버너스 리가 중심이 되어 1994년 10월에 설립되었습니다. W3C에서 개발한 가이드라인을 '웹 표준'이라고 부릅니다. 한마디로 웹 표준은 웹 사이트를 제작할 때 지켜야 할 일종의 규칙입니다.

예를 들어 다음 기사를 읽는다고 가정하겠습니다.

---

**옛 그림 속 나무들이 들려주는 궁궐 이야기**

문화재청 창덕궁관리소(소장 이문갑)는 동궐도에 묘사된 옛 궁궐의 나무를 찾아가며 나무에 얽힌 궁중문화를 이해하는 「동궐도와 함께하는 나무답사」를 오는 5월 매주 금·토요일에 1회씩 운영하며, 특별히 궁중문화축전 기간에는 2회(5.2/5.3)를 더 추가하여 운영한다. 희귀하고 다양한 수종들을 품은 후원이 있는 창덕궁은 우리나라 궁궐 전통 조경의 모습을 가장 잘 간직하고 있다.

이번 프로그램은 창덕궁의 특색과 궁궐의 공간이 사실적으로 잘 묘사된 국보 제249호 '동궐도'를 활용하여 나무는 물론 궁궐의 전반적인 변화상을 살펴보는 행사이다. 아울러 각종 문헌에서 확인되는 나무와 관련된 이야기를 발굴해 관람객에게 들려줘 유익하고 흥미로운 행사로도 정평이 나있다.

---

• 출처 : http://bit.ly/2L5dcQd

사람들은 이 기사를 보고 별다른 표식이 없어도 제목과 본문을 구분합니다. 하지만 브라우저는 이 기사에서 제목과 본문은 물론 문단을 구분하지 못합니다. 그래서 웹 사이트를 만들 때는 입력된 정보가 어떤 성격을 갖고 있는지 꼭 표기해야 합니다. 다음과 같이 말입니다.

〈제목〉옛 그림 속 나무들이 들려주는 궁궐 이야기〈/제목〉

〈문단〉문화재청 창덕궁관리소(소장 이문갑)는 동궐도에 묘사된 옛 궁궐의 나무를 찾아가며 나무에 얽힌 궁중문화를 이해하는 「동궐도와 함께하는 나무답사」를 오는 5월 매주 금·토요일에 1회씩 운영하며, 특별히 궁중문화축전 기간에는 2회(5.2/5.3)를 더 추가하여 운영한다. 희귀하고 다양한 수종들을 품은 후원이 있는 창덕궁은 우리나라 궁궐 전통 조경의 모습을 가장 잘 간직하고 있다. 〈/문단〉

〈문단〉이번 프로그램은 창덕궁의 특색과 궁궐의 공간이 사실적으로 잘 묘사된 국보 제249호 '동궐도'를 활용하여 나무는 물론 궁궐의 전반적인 변화상을 살펴보는 행사다. 아울러 각종 문헌에서 확인되는 나무와 관련된 이야기를 발굴해 관람객에게 들려줘 유익하고 흥미로운 행사로도 정평이 나있다. 〈/문단〉

브라우저는 어린아이와 같습니다. 입력된 정보가 어떤 성격인지 하나하나 알려 줘야 합니다. 〈제목〉〈/제목〉이나 〈문단〉〈/문단〉처럼 정보의 성격을 구체적으로 표기하는 것을 웹 표준이라고 합니다. 웹 표준에 맞춰 웹 사이트를 제작하면 다음과 같은 장점이 있습니다.

❶ 구글과 같은 검색 사이트에 노출될 확률이 높아집니다.

❷ 웹 사이트를 장애인도 편하게 이용할 수 있도록 도움을 줍니다. 장애인과 비장애인 모두 웹 사이트를 편하게 이용할 수 있도록 제작하는 방식을 '웹 접근성'이라고 합니다.

❸ 웹 사이트를 수정하고 관리하기가 쉬워집니다. 그만큼 유지 보수 비용과 시간을 줄일 수 있습니다.

약 1년을 다닌 광고회사를 그만 두고 클로즈업(Klozeup)이라는 스타트업 기업에 기획자 겸 예비(?) 프런트엔드 개발자로 합류했다. 클로즈업은 미국의 블로그 서비스인 Medium을 벤치마킹한 회사로 한국인에게 적합한 새로운 형태의 블로그 서비스를 준비하고 있었다.

당시 클로즈업은 외부 개발자를 섭외하여 웹 서비스의 화면 레이아웃과 기능 구현은 물론 회원 가입이나 데이터를 저장하는 서버 작업을 함께 진행하고 있었다. 웹 개발자로 성장하기 위해 준비하고 있던 터라 HTML, CSS, 자바스크립트 역량을 강화할 수 있는 좋은 기회라 여겨 합류를 결심했다.

"자 이제 무엇부터 시작하면 좋을까?"

개발 공부를 시작하기에 앞서 두 가지를 정해야 했다. 바로 공부 방법과 개발 도구였다. 정해진 커리큘럼대로 강의를 보고 듣는 방식보다 시간이 걸리더라도 혼자 공부하고 탐구하는 방식을 선호하는 편이라 독학하기로 마음먹었다. 조사하니 생활코딩, 코드카데미, W3Schools 같은 무료로 프로그래밍 언어를 배울 수 있는 국내외 온라인 채널이 꽤 보였고, 이를 적극 활용하기로 했다.

### ① 생활코딩: https://opentutorials.org/ 한국어

일반인이 프로그래밍을 쉽게 배울 수 있도록 온·오프라인으로 수업을 진행하는 비영리 커뮤니티이다. 수업은 동영상을 기반으로 진행하며, 웹 서비스 만들기, 개발 언어 학습, 개발 프로젝트 관리 등 다양한 주제의 콘텐츠를 제공한다.

### ② 코드카데미: http://www.codecademy.com 영어

HTML과 CSS뿐만 아니라 자바스크립트, PHP, 파이썬, 루비 등의 프로그래밍 언어를 배울 수 있는 온라인 서비스이다. 단계별로 간단한 안내가 나타난다. 직접 코드를 작성하고 바로 결과물을 확인할 수 있다.

### ③ W3Schools : http://www.w3schools.com/ 영어

수업은 텍스트 기반으로 진행하며 기초부터 차근차근 설명해 주는 웹 사이트이다. HTML, CSS, 자바스크립트, 제이쿼리(jQuery), XML, PHP 같은 다양한 언어와 라이브러리를 학습할 수 있다. 프로그래밍 입문자가 많이 찾는 사이트 중 하나이다.

# HTML 시작하기

HTML5&CSS3 FOR EVERYONE

웹 프로그래밍 언어를 입력할 수 있는 텍스트 편집기를 설치하고 HTML 언어의 구성 요소
와 주요 특징을 살펴봅니다.

## 1 서브라임 텍스트 설치하기

웹 프로그래밍 작업을 하려면 먼저 텍스트 편집기를 설치해야 합니다. 서브라임 텍스트는
누구나 무료로 사용할 수 있는 텍스트 편집기입니다.

 잠 깐 만 요

**크롬 브라우저를 설치해 주세요!**
우리나라에서 가장 많이 사용하는 웹 브라우저는 인터넷 익스플로러입니다. 하지만 익스플로러는 현재까지
HTML5를 제대로 지원하지 않는다는 한계가 있습니다. 이 책은 HTML5의 동작을 제대로 보기 위해 구글
크롬 브라우저를 기준으로 설명합니다. 여러분이 쓰는 컴퓨터에 크롬 브라우저가 설치되어 있지 않다면 서
브라임 텍스트를 설치하기 전에 크롬 브라우저를 먼저 설치해 주세요.

**1** 구글 다운로드 페이지(https://www.google.co.kr/chrome/index.html)에 접속한 다음 Chrome 다운
로드 버튼을 누릅니다.

② 크롬 서비스 약관을 확인하고 **동의 및 설치** 버튼을 누릅니다.

③ 설치가 완료되면 **닫기** 버튼을 누릅니다. 작업 표시줄에 고정시켜 놓고 사용하면 편리합니다.

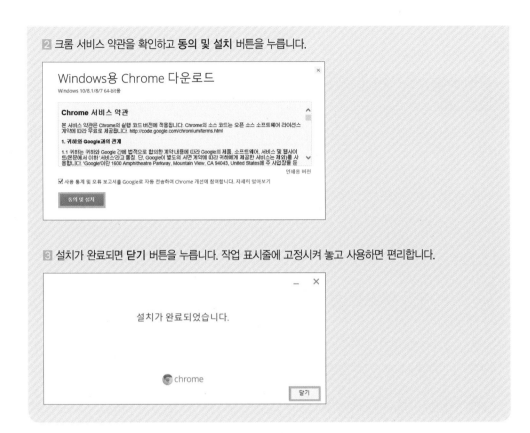

1 크롬을 실행하고 서브라임 텍스트 페이지(**https://www.sublimetext.com/3**)에 접속합니다. 내 컴퓨터에 설치된 운영체제에 맞는 서브라임 텍스트 설치 파일을 내려받습니다.

그림 2-1 **서브라임 텍스트 내려받기 페이지 접속**

**2** 설치 파일이 내려받아지면 **클릭**하여 실행합니다.

그림 2-2 **서브라임 텍스트 설치 파일 실행**

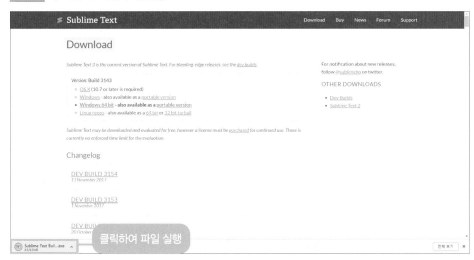

**3** 설치 마법사가 실행되면 Next 버튼을 눌러 서브라임 텍스트 설치를 시작합니다.

그림 2-3 **설치 마법사가 실행되면 Next 버튼 클릭**

**4** 서브라임 텍스트 설치 경로를 확인하고 Next 버튼을 누릅니다(원하는 경로로 바꿀 수도 있습니다).

그림 2-4 설치 경로를 확인하고 Next 버튼 클릭

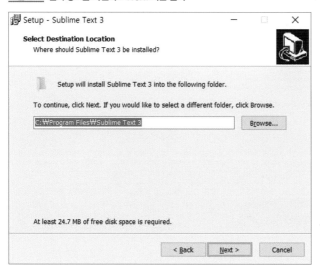

**5** 추가 작업을 할지 묻는 메시지가 보이면 Next 버튼을 누릅니다.

그림 2-5 Next 버튼 클릭

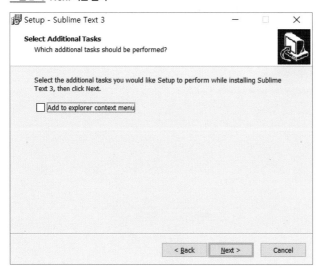

6  서브라임 텍스트 설치를 준비한다는 메시지가 나타나면 Install 버튼을 누릅니다.

그림 2-6 이상이 없다면 Install 진행

7  서브라임 텍스트를 설치했다는 메시지가 나타나면 Finish 버튼을 누릅니다.

그림 2-7 Finish 버튼을 클릭하여 설치 종료

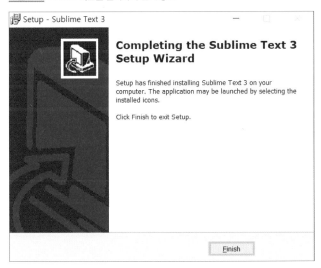

8  작업 표시줄에 보이는 윈도 아이콘을 눌러 서브라임 텍스트가 제대로 설치되었는지 확
   인합니다.

그림 2-8 **서브라임 텍스트 설치 확인**

## 2  HTML이란?

HTML은 HyperText Markup Language(하이퍼텍스트 마크업 언어)의 약자로 웹 사이트를
만들기 위해 사용하는 프로그래밍 언어 중 하나입니다.

HTML 언어는 크게 두 가지 역할을 수행합니다.

❶ 텍스트와 이미지처럼 웹 사이트에서 '정보'라고 불리는 요소를 입력합니다.

❷ 메뉴, 배너, 본문 등 다양한 콘텐츠가 들어가는 공간을 미리 설정합니다. 단, 구체적인
   공간의 크기와 배치는 CSS 언어로 지정합니다.

그림 2-9 네이버 웹 사이트의 구조

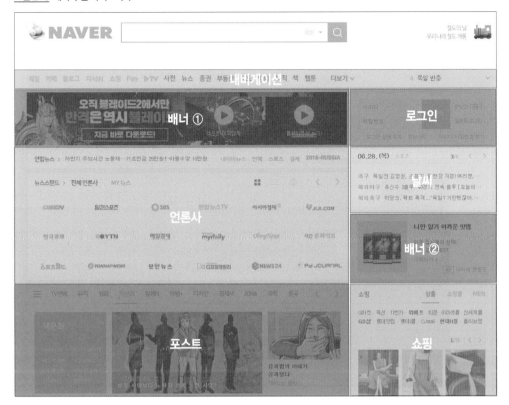

우리가 일상생활에서 사용하는 언어는 시대 흐름에 따라 새로 만들어지기도 하고 점차 사라지기도 합니다. 세젤예, 영고, 최애, 리즈시절 같은 온라인을 중심으로 등장한 신조어가 있는가 하면 가람, 나래, 파니 같은 요즘에는 잘 사용하지 않아 사라져가는 순우리말도 있습니다.

HTML 역시 많은 변화를 겪었습니다. HTML 1.0, HTML 2.0, HTML 3.2, HTML 4.0, HTML 4.01, XHTML 1.0을 거쳐 현재의 HTML5에 이르렀습니다. 시간이 흐르면서 새로운 HTML 버전이 등장하고 그 역할과 의미가 발전했습니다. 이 책에서는 가장 최신 언어인 HTML5를 기준으로 HTML의 기능과 역할을 살펴봅니다.

HTML을 작성하려면 확장자가 html인 파일이 필요합니다. HTML 파일을 만드는 방법을 알아보겠습니다.

1  바탕화면에 Exercise 폴더를 만들고 서브라임 텍스트를 실행합니다.

그림 2-10 Exercise 폴더를 생성하고 서브라임 텍스트 실행

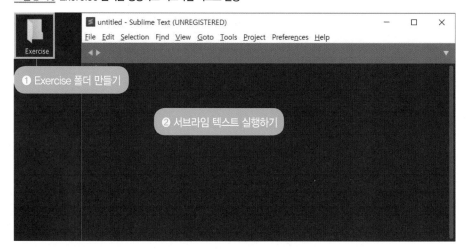

2  File → Open Folder 메뉴를 선택합니다.

그림 2-11 File → Open Folder 클릭(맥 사용자는 Open 클릭)

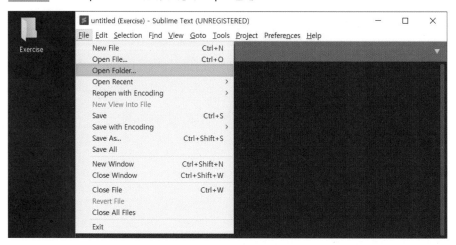

**3** 바탕화면에 만들어 둔 Exercise 폴더를 선택하고 **폴더 선택** 버튼을 누릅니다.

그림 2-12 Exercise 폴더 선택

**4** 서브라임 텍스트 화면 왼쪽에 사이드 바가 나타납니다.

그림 2-13 **왼쪽 사이드 바 등장**

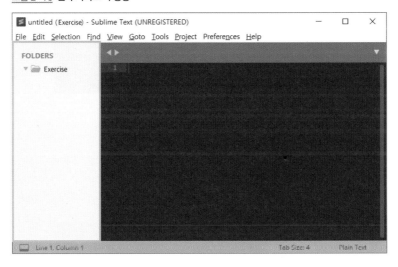

**5** File → New File 메뉴를 선택합니다.

그림 2-14 File → New File 클릭

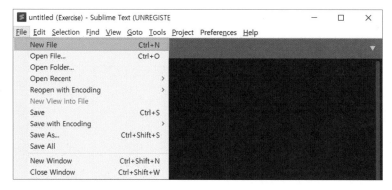

**6** 서브라임 텍스트 화면에 untitled 탭이 나타납니다.

그림 2-15 untitled 탭 등장

**7** File → Save 메뉴를 선택합니다.

그림 2-16 File → Save 클릭

8 파일 저장 경로를 Exercise 폴더로 지정하고 파일 이름을 index.html로 입력한 다음 **저장** 버튼을 누릅니다.

그림 2-17 저장 경로를 지정한 다음 파일 이름을 index.html로 입력하고 저장

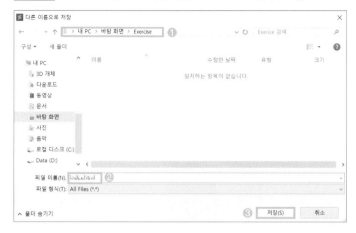

9 untitled 탭이 index.html로 변경되면서 index.html 문서가 만들어집니다. Exercise 폴더 안에도 방금 저장한 파일이 만들어진 것을 알 수 있습니다.

그림 2-18 index.html이 생성됨

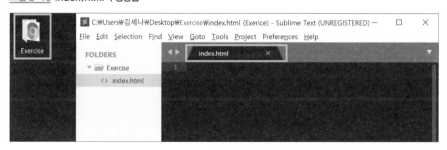

웹 사이트는 페이지를 여러 개 갖고 있습니다. 회사 소개, 팀 소개, 제품 소개 등 페이지마다 독립적인 내용을 다룹니다. 각 페이지는 about.html, team.html, product.html 같은 여러 HTML 파일을 생성하여 제작합니다. 사용자가 웹 사이트에 접속하면 여러 HTML 파일에서 어떤 파일을 메인 페이지로 불러올지 결정해야 합니다.

보통 웹 사이트의 기본 메인 페이지는 index.html 파일에서 작업합니다. 예를 들어 네이버 웹 사이트에 접속하려면 도메인 주소로 www.naver.com을 입력합니다. 하지만 우리 눈에

보이지 않을 뿐 네이버의 실제 URL 주소는 www.naver.com/index.html입니다. 다음 링크 주소를 브라우저 주소 창에 입력하면 네이버 메인 페이지로 이동합니다.

 https://www.naver.com/index.html

그럼 index.html 안에 작성된 HTML의 구체적인 역할과 작성법을 살펴보겠습니다. 마트에서 팔리는 상품에는 원산지, 제조일, 가격 같은 제품 정보가 담긴 태그가 붙어 있습니다. 태그 정보는 소비자가 해당 상품에 대한 정확한 정보를 자세히 얻을 수 있도록 돕고, 관리자가 상품을 더 체계적으로 관리할 수 있도록 돕습니다.

그림 2-19 제품 태그에는 해당 제품에 관한 정보가 적혀 있다

상품 종류에 따라 태그 내용이 달라지듯 입력되는 정보의 성격에 따라 사용되는 HTML 언어도 달라집니다. HTML 안에는 입력되는 정보의 성격과 종류를 표현하는 다양한 HTML 언어가 있습니다. 이를 'HTML 태그'라고 합니다. HTML 태그는 '각각의 의미를 지니고 있다'는 뜻을 담고 있어 시맨틱(semantic) 태그라고도 불립니다.

태그 안에 상품 정보를 정확히 입력해야 소비자가 상품에 대한 정보를 빠르게 인지할 수 있듯, HTML 태그도 정보의 성격에 맞게 입력해야 구글과 같은 검색 서비스에 노출될 확률이 높아집니다. 이러한 작업을 1장에서 언급했던 웹 표준이라고 합니다.

HTML에는 약 120개가 넘는 태그가 있으며 태그마다 고유의 역할과 특징이 있습니다. 그런데 120개가 넘는 태그를 모두 알아야 웹 사이트를 제작할 수 있는 걸까요? 그렇지 않습니다. 웹 사이트를 제작할 때 사용되는 태그 종류는 생각만큼 많지 않습니다. 따라서 자주 사용되는 태그를 중심으로 학습하고, 자주 사용되지 않는 태그는 필요한 경우에 구글 검색을 통해 학습해도 충분합니다.

## 4 HTML 태그의 구성 요소와 HTML 문서의 기본 구조

HTML 태그는 열린 태그와 닫힌 태그, 속성, 속성값으로 구성됩니다.

<열린태그 속성="속성값"> 콘텐츠 </닫힌태그>

여기서 **태그**는 입력된 정보의 성격을 뜻하고 **속성**은 그 태그가 가진 역할을 뜻합니다. **속성값**은 태그가 어떤 역할을 수행할지 구체적인 명령을 내립니다. **콘텐츠**는 열린 태그와 닫힌 태그 사이에 있는 내용물을 뜻합니다. 콘텐츠에는 웹 사이트의 텍스트 정부를 입력하거나 다른 HTML 태그를 삽입할 수 있습니다.

가령 '스마트폰'이라는 태그가 있다고 가정할 때, HTML 태그를 다음과 같이 입력하면 어떻게 될까요?

<스마트폰 전원버튼="ON" 볼륨="OFF"> 전원을 켜고 볼륨을 끕니다. </스마트폰>

'스마트폰'이라는 태그가 실제로 동작한다면 스마트폰을 켜고 볼륨을 끄면서 "전원을 켜고 볼륨을 끕니다"라는 문구를 출력할 것입니다.

HTML 태그를 작성할 때 초보자가 가장 많이 하는 실수는 닫힌 태그를 생략하는 것입니다. 닫힌 태그를 생략하면 오류가 발생하므로 결과가 제대로 반영되지 않습니다. 따라서 항상 태그를 제대로 닫았는지 확인하는 습관을 들여야 합니다(물론 닫힌 태그가 없는 태그도 있습니다. 이러한 태그는 49쪽에서 배웁니다).

그럼 웹 사이트를 제작할 때 입력하는 HTML 문서의 기본 구조에 대해 알아보겠습니다. 앞에서 만든 index.html 파일 안에 다음 코드를 입력합니다.

> **TIP**
> index.html '파일'을 index.html '문서'라고 표현하기도 합니다. 어감도 그렇고 이해하는 데도 '문서'가 더 자연스러우므로 이후에는 '문서'로 표현하겠습니다.

① <!DOCTYPE html>은 해당 HTML 문서가 HTML5 언어로 작성되었다고 선언하는 태그 입니다. <!DOCTYPE html> 태그로 선언된 문서 안에서는 HTML5에서 새로 등장한 태그를 사용할 수 있지만 과거의 언어 중 일부는 사용할 수 없습니다.

> **TIP** HTML 4.01 버전에서는 다음과 같이 작성했습니다.
> <!DOCTYPE HTML PUBLIC "-//W3C//DTD HTML 4.01//EN" "http://www.w3.org/TR/html4/strict.dtd">

② <html>은 HTML 문서의 시작과 끝을 알리는 태그입니다. 그래서 항상 문서의 맨 처음 과 끝에 위치해야 합니다.

③ <head>는 HTML 문서 서문의 시작과 끝을 알리는 태그입니다. 해당 문서와 관련된 요 약 정보를 담는 공간으로 HTML 문서와 관련된 간단한 정보를 입력합니다. 책으로 치면 앞 부분에 있는 책 소개, 저자 소개, 주요 키워드 등에 해당합니다.

❹ 〈meta〉 태그에는 HTML 문서의 한 줄 요약, 키워드, 작성자 등 문서의 특징을 작성합니다. 〈meta〉 태그는 〈head〉 태그와 〈/head〉 태그 사이에 작성합니다. 일반적으로 charset, name, content 속성을 사용합니다. 다른 HTML 태그와 달리 〈meta〉 태그는 닫힌 태그가 없습니다.

- charset 속성은 Character Set(문자 셋)의 약자로 언어의 집합을 뜻합니다. UTF-8 속성 값은 전 세계의 모든 언어를 표현할 수 있는 유니코드*입니다. UTF-8 속성값을 생략하면 버전이 낮은 브라우저에서 한글이 제대로 출력되지 않을 수 있습니다.
- name 속성의 속성값에는 description, keywords, author 등이 있습니다. description 속성값에는 해당 문서의 한 줄 요약 내용, keywords 속성값에는 주요 키워드, author 속 성값에는 문서 작성자 또는 저작권자를 입력합니다.
- content 속성의 속성값에는 name 속성의 속성값에 해당하는 주요 내용을 입력합니다.

> **TIP** 과거 검색 엔진에서는 〈meta〉 태그 안에 있는 정보를 수집하여 검색 결과에 반영했습니다. 하지만 〈meta〉 태그 안에 낚시성 정보를 입력하는 경우가 늘어나자 구글과 같은 검색 서비스 제공업체에서는 〈meta〉 태그 정보를 기반으로 한 상위 노출을 지양하게 되었습니다. 대신 웹 표준에 맞게 HTML 태그를 잘 사용했는지 정도를 반영하여 검색 결과에 반영하고 있습니다.

❺ 〈title〉 태그에는 문서의 제목을 입력합니다. 〈title〉 태그에 콘텐츠를 입력하고 서브라임 텍스트에서 File → Save 메뉴를 선택해 해당 문서를 저장해 봅니다. index.html 파일을 더블클릭하여 실행시키면 브라우저의 상단 탭에 '웹 프로그래밍 기초'라는 제목이 표시됩니다.

그림 2-20 〈title〉 태그의 콘텐츠가 브라우저 상단 탭에 표시됨

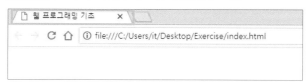

---

* 유니코드란 전 세계의 모든 문자를 다루도록 설계된 표준 문자 전산 처리 방식입니다. ISO/IEC 10646 Universal Character Set, USC, UTF 등 다양한 처리 방식이 존재합니다. UTF-8은 인터넷 사이트에서 가장 많이 사용되는 문자 처리 방식입니다.

〈title〉 태그에 콘텐츠를 입력하지 않으면 브라우저 상단 탭에는 HTML 파일명과 확장자가 나타납니다(여기서는 index.html이 나타납니다).

**그림 2-21** 〈title〉 태그에 콘텐츠를 입력하지 않으면 브라우저의 탭 이름이 HTML 파일명으로 대체됨

> **TIP**
> 서브라임 텍스트는 자동 저장 기능을 지원하지 않습니다. 따라서 index.html 문서의 내용을 수정하거나 추가한 다음에는 매번 Ctrl + S(맥은 Cmd + S)를 눌러 저장해야 합니다.

❻ 〈body〉는 HTML 문서 본문의 시작과 끝을 알리는 태그입니다. 〈body〉 태그에는 웹 사이트의 텍스트와 이미지 정보를 입력합니다.

잠깐만요

**새로 생긴 태그와 사라진 태그**

HTML5에 등장한 새로운 태그와 〈!DOCTYPE html〉 태그가 작성된 HTML5 문서에서 사용할 수 없는 과거의 태그는 다음 웹 페이지에서 확인할 수 있습니다.

• http://www.w3schools.com/tags/default.asp

W3Schools HTML Element Reference는 전체 HTML 태그를 알파벳순으로 정리해 놓은 페이지입니다. 표에는 숫자 5가 들어간 태그와 Not supported in HTML5. Use CSS instead라는 빨간색 문구가 붙은 태그가 보입니다. 숫자 5가 들어간 태그는 HTML5에 등장한 신조어이고, 빨간색 문구가 붙은 태그는 〈!DOCTYPE html〉 태그가 작성된 HTML5 문서 안에서는 사용할 수 없는 태그입니다.

이처럼 HTML 태그를 작성할 때는 해당 문서 안에 어떤 태그를 적용할 수 있는지 꼼꼼하게 확인해야 합니다.

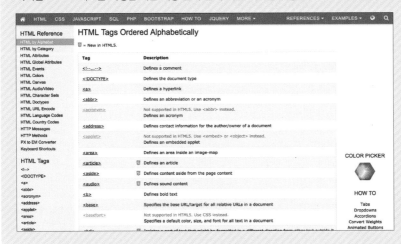

HTML 주요 태그 살펴보기

웹 사이트에 정보를 입력할 때 사용하는 주요 태그를 살펴보겠습니다. 입력하는 정보의 성격을 잘 대변해 주는 태그가 무엇이고, 어떤 태그를 사용하는 것이 웹 표준에 적합할지 생각해 보세요.

### ⟨a⟩ 태그

⟨a⟩ 태그는 anchor의 약자로 정박지 또는 닻을 뜻합니다. ⟨a⟩ 태그의 콘텐츠를 클릭하면 특정 영역이나 특정 페이지로 이동합니다. 보통 메뉴 버튼을 만들 때 사용합니다.

코드를 입력하고 index.html 파일로 저장한 다음 크롬 브라우저로 실행하면 화면에 그림 2-22와 같은 텍스트가 나타납니다.

예제 소스 **Exercise/2장/1_a/index.html**

```
<!DOCTYPE html>
<html>
<head>……</head>
<body>
    <a href="http://www.naver.com" target="_blank" title="네이버로 이동">네이버</a>
</body>
</html>
```

그림 2-22 **⟨a⟩ 태그 실행 결과**

href 속성은 hypertext reference의 약자로 연결할 주소를 지정할 때 사용합니다. 예를 들어 그림 2-22에 보이는 '네이버' 텍스트를 클릭하여 네이버 웹 사이트(www.naver.com)로 이동하게 하려면 href 속성의 속성값으로 네이버 URL 주소(www.naver.com)를 입력하면 됩니다. URL 주소가 정해지지 않았다면 # 기호를(a href = #) 기본값으로 입력합니다.

target 속성은 웹 사이트를 이동할 때 어떤 위치에서 열리게 할지 결정하는 요소입니다. 속성값으로는 _blank와 _self가 주로 사용됩니다. _blank 속성값은 새 탭 또는 새 창을 띄워서 페이지를 이동하고, _self 속성값은 현재 탭에서 페이지를 이동합니다. target 속성을 사용하지 않으면 기본값인 _self 속성값이 적용됩니다.

title 속성에는 〈a〉 태그를 클릭했을 때 이동하게 되는 페이지의 정보를 입력합니다. 사용자가 네이버 텍스트에 마우스 포인터를 올리면 그림 2-23과 같이 title 속성의 속성값인 '네이버로 이동'이 나타납니다.

그림 2-23 이동할 페이지의 정보가 표시됨

잠깐만요

**title 속성을 사용할 때는 다음 사항을 참고하세요!**
몇몇 자료를 읽어 보면 '웹 표준을 고려한다면 〈a〉 태그 안에 title 속성을 꼭 입력해야 한다'라는 설명이 있습니다. 하지만 실제로는 〈a〉 태그 안에 title 속성을 넣지 않아도 웹 표준에 어긋나지 않으며, 웹 표준을 검사하는 도구에서도 오류 메시지가 나타나지 않습니다. 이처럼 title 속성은 〈a〉 태그에서 필수는 아닙니다.

title 속성은 시각장애인이 사용하는 스크린 리더 프로그램[**]에 이동할 페이지에 대한 정보를 정확하게 알려 주기 위해 사용하기도 합니다.

## 〈img〉 태그

〈img〉 태그는 image의 약자로 CI(기업 이미지)나 BI(브랜드 이미지) 같은 정보성 이미지를 삽입할 때 사용합니다.

<u>예제 소스</u> Exercise/2장/2_img/index.html

```
<!DOCTYPE html>
<html>
<head>……</head>
<body>
    <img src="logo.png" width="300px" height="300px" alt="키즈가오 회사 로고">
</body>
</html>
```

<u>그림 2-24</u> 〈img〉 태그 실행 결과

> **TIP**
> 해당 이미지 파일은 책과 함께 제공되는 예제 파일에 들어 있습니다(경로: Exercise/2장/2_img/logo.png). 이미지가 별도의 image 폴더 안에 있다면 src 속성의 속성값을 "image/logo.png"로 변경하면 됩니다. 아직 연습 단계이므로 이번 시간에는 폴더 생성을 생략했습니다. 실제로 웹 사이트를 제작할 때는 굉장히 많은 이미지가 사용되므로 폴더를 따로 만들어 이미지 파일을 관리하는 게 좋습니다.

---

[**] 스크린 리더 프로그램은 컴퓨터 화면에 나타나는 정보를 시각장애인에게 음성으로 읽어 주는 화면 낭독 소프트웨어입니다.

src 속성은 이미지 파일 위치를 입력할 때 사용합니다. 속성값으로는 이미지의 경로, 파일명, 확장자명을 입력합니다.

width와 height 속성은 이미지의 너비와 높이를 임의로 지정할 때 사용합니다. width와 height 속성을 따로 지정하지 않으면 원본 이미지 크기대로 출력됩니다. 보통은 웹 디자이너가 제작한 이미지 크기에 맞춰서 웹 사이트를 제작하므로 width와 height 속성값을 임의로 변경하는 경우는 흔치 않습니다(웹 디자이너가 만든 이미지 크기를 1픽셀이라도 임의로 조정하면 예상치 못한 상황이 발생할 수 있습니다).

alt 속성은 alternative text의 약자로 브라우저가 이미지를 제대로 표시하지 못한 경우에 이미지 대신 텍스트로 대체해서 표시하기 위해 사용합니다. src 속성값, 즉 logo.png를 삭제하고 브라우저를 새로 고침하면 이미지 대신 alt 속성값인 '키즈가오 회사 로고'가 표시되는 것을 확인할 수 있습니다.

**그림 2-25** 이미지의 대체 텍스트인 alt 속성값이 출력됨

키즈가오 회사 로고

또한 스크린 리더 프로그램에 해당 이미지 정보를 텍스트로 전달할 때도 alt 속성을 사용합니다. 즉, 웹 접근성 측면에서 alt는 빠질 수 없는 속성입니다(스크린 리더 프로그램은 텍스트 정보만 시각장애인에게 전달할 수 있습니다).

## 〈h1〉 ~ 〈h6〉 태그

〈h1〉, 〈h2〉, 〈h3〉, 〈h4〉, 〈h5〉, 〈h6〉 태그는 신문 기사로 치면 헤드라인에 해당합니다. 일반적으로 웹 사이트의 제목이나 부제목처럼 중요하다고 생각되는 정보에 사용합니다. h 뒤에 붙는 숫자는 중요도를 의미합니다. 숫자가 클수록 중요도가 낮아지므로 글자 크기는 작게 출력됩니다.

**예제 소스** Exercise/2장/3_h/index.html

```
<!DOCTYPE html>
<html>
<head>……</head>
<body>
```

```
    <h1>Hello World</h1>
    <h2>Hello World</h2>
    <h3>Hello World</h3>
    <h4>Hello World</h4>
    <h5>Hello World</h5>
    <h6>Hello World</h6>
  </body>
</html>
```

그림 2-26 ⟨h1⟩~⟨h6⟩ 태그 실행 결과

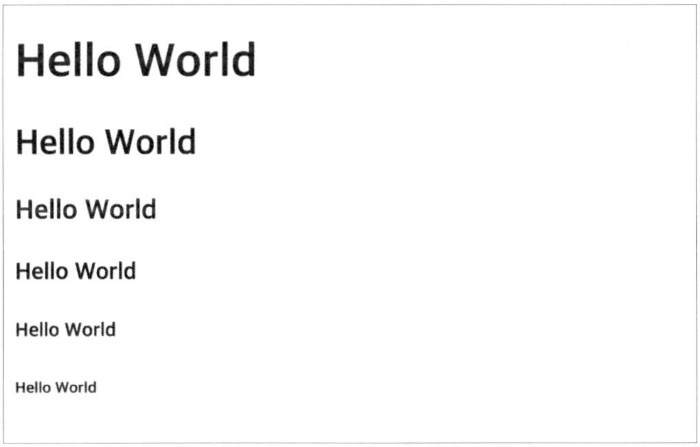

# Hello World

## Hello World

### Hello World

#### Hello World

##### Hello World

###### Hello World

웹 사이트에서 회사 이름보다 중요한 정보는 없습니다. 그래서 대부분의 해외 웹 사이트에서는 ⟨h1⟩ 태그의 콘텐츠로 ⟨img⟩ 태그를 사용하여 회사 로고를 입력합니다. 마찬가지로 회사 로고보다 중요하거나 동급인 정보가 존재하기는 어려우므로 ⟨h1⟩ 태그는 주로 HTML 문서 한 개에서 한 번만 사용합니다.

예제 소스 Exercise/2장/3_h/index.html

```
<!DOCTYPE html>
<html>
<head>……</head>
```

```
<body>
    <h1>
        <img src="logo.png" alt="키즈가오 회사 로고">
    </h1>
</body>
</html>
```

## ⟨p⟩ 태그

⟨p⟩ 태그는 paragraph의 약자로 단락을 표현할 때 사용합니다. 신문 기사로 치면 본문 영역에 해당합니다. 웹 사이트의 주요 텍스트 정보 대부분에는 ⟨p⟩ 태그를 사용합니다.

예제 소스 Exercise/2장/4_p/index.html

```
<!DOCTYPE html>
<html>
<head>……</head>
<body>
    <p>Nice to meet you</p>
</body>
</html>
```

그림 2-27 ⟨p⟩ 태그 실행 결과

Nice to meet you

## ⟨span⟩ 태그

⟨span⟩ 태그는 문단 안에 있는 특정 단어나 문장에 디자인을 지정할 때 사용합니다.

```
<!DOCTYPE html>
<html>
<head>……</head>
<body>
    <p>Hello, <span>Inkwon Kim</span></p>
</body>
</html>
```

그림 2-28 〈span〉 태그 실행 결과

Hello, Inkwon Kim

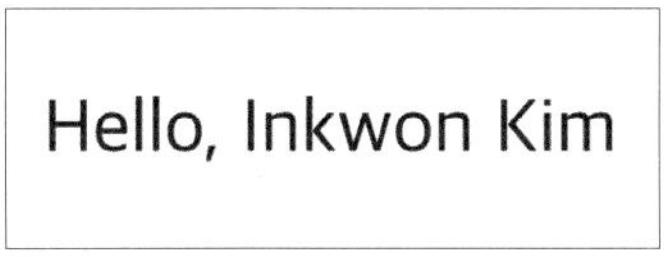

실행 결과를 보면 일반 텍스트가 그대로 출력됩니다. 〈span〉 태그는 눈에 띄는 특징이 없으며 보통 디자인 작업을 담당하는 CSS 언어와 함께 사용됩니다(CSS 구조 및 적용 방법은 둘째 마당에서 자세히 살펴봅니다).

예제 소스 Exercise/2장/5_span/index02.html

```
<!DOCTYPE html>
<html>
<head>……</head>
<body>
    <p>Hello, <span style="color: red;">Inkwon Kim</span></p>
</body>
</html>
```

그림 2-29 〈span〉 태그 + CSS 실행 결과

**Hello,** Inkwon Kim

## 〈mark〉 태그

〈mark〉 태그는 국어사전처럼 단어나 개념을 설명하는 문장이나 인용된 문장에서 특정 텍스트를 강조할 때 사용합니다. 〈mark〉 태그가 적용된 영역에는 기본값인 노란 배경색이 들어갑니다.

예제 소스 Exercise/2장/6_mark/index.html

```
<!DOCTYPE html>
<html>
<head>……</head>
<body>
    <p><mark>사과</mark>는 사과나무의 열매로 세계적으로 널리 재배되는 과일 품종 중 하나이다.</p>
</body>
</html>
```

그림 2-30 〈mark〉 태그 실행 결과

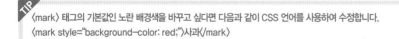

사과는 사과나무의 열매로 세계적으로 널리 재배되는 과일 품종 중 하나이다.

> TIP
> 〈mark〉 태그의 기본값인 노란 배경색을 바꾸고 싶다면 다음과 같이 CSS 언어를 사용하여 수정합니다.
> 〈mark style="background-color: red;"〉사과〈/mark〉

## 〈ol〉, 〈ul〉, 〈li〉 태그

〈ol〉 태그는 ordered list(순서가 있는 목록)의 약자로 숫자나 알파벳 등 순서가 있는 목록을 만들 때 사용합니다. 〈ul〉 태그는 unordered list(순서가 없는 목록)의 약자로 순서가 없는 목록을 만들 때 사용합니다. 보통 메뉴 버튼이나 제품 목록 등을 만들 때는 〈ul〉 태그를 사용합니다. 〈ol〉 태그와 〈ul〉 태그의 각 항목을 나열할 때는 list item의 약자인 〈li〉 태그를 사용합니다.

**예제 소스** Exercise/2장/7_ol_ul_li/index.html

```
<!DOCTYPE html>
<html>
<head>……</head>
<body>
    <ol>
        <li>순서가 있는 리스트(1)</li>
        <li>순서가 있는 리스트(2)</li>
        <li>순서가 있는 리스트(3)</li>
    </ol>
    <ul>
        <li>순서가 없는 리스트(1)</li>
        <li>순서가 없는 리스트(2)</li>
        <li>순서가 없는 리스트(3)</li>
    </ul>
</body>
</html>
```

**그림 2-31** 〈ol〉과 〈ul〉 태그 실행 결과

```
1. 순서가 있는 리스트(1)
2. 순서가 있는 리스트(2)
3. 순서가 있는 리스트(3)

• 순서가 없는 리스트(1)
• 순서가 없는 리스트(2)
• 순서가 없는 리스트(3)
```

메뉴 버튼은 웹 사이트에서 빠지지 않고 등장합니다. 각 메뉴 버튼은 관계가 서로 동등하며, 버튼을 클릭했을 때 특정 페이지로 화면이 전환됩니다. 보통 메뉴 버튼을 제작할 때는 순서가 없는 리스트 정보를 보여 주는 〈ul〉 태그와 〈li〉 태그를 입력합니다. 클릭할 때 페이지 전환 효과를 적용하고 싶다면 〈a〉 태그와 결합하여 사용합니다.

예제 소스 Exercise/2장/7_ol_ul_li/index.html

```
<!DOCTYPE html>
<html>
<head>……</head>
<body>
    <ul>
        <li><a href="#">메뉴1</a></li>
        <li><a href="#">메뉴2</a></li>
        <li><a href="#">메뉴3</a></li>
    </ul>
</body>
</html>
```

그림 2-32 〈a〉 태그와 결합한 〈ul〉 태그 실행 결과

- 메뉴1
- 메뉴2
- 메뉴3

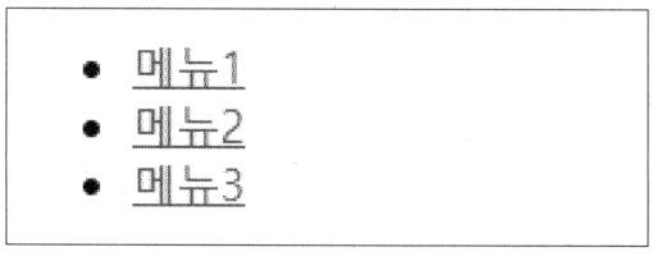

이처럼 웹 사이트 구성 요소에 사용되는 태그에는 몇 가지 공식이 존재합니다. 이러한 공식을 손에 익을 때까지 반복해서 연습하면 웹 사이트 구조 작업을 쉽게 진행할 수 있습니다.

## 6 닫힌 태그가 없는 태그

HTML 태그는 기본적으로 열린 태그와 닫힌 태그가 한 쌍으로 구성되어 있지만 예외적으로 닫힌 태그가 없는 태그도 있습니다. 앞에서 봤던 〈img〉 태그 역시 닫힌 태그가 없는 태그입니다. 닫힌 태그가 없는 태그는 개수가 많지 않지만 여기서는 자주 사용되는 태그를 중심으로 설명하겠습니다.

### 〈br〉 태그

〈br〉 태그는 line break를 뜻하며 강제로 줄 바꿈을 할 때 사용합니다. 줄 바꿈을 할 위치에 〈br〉 태그를 입력하면 바로 다음 항목부터 줄이 바뀝니다.

예제 소스 Exercise/2장/8_br/index.html

```
<!DOCTYPE html>
<html>
<head>……</head>
<body>
    <p>Hello, <br>Nice to meet you</p>
</body>
</html>
```

그림 2-33 〈br〉 태그 실행 결과

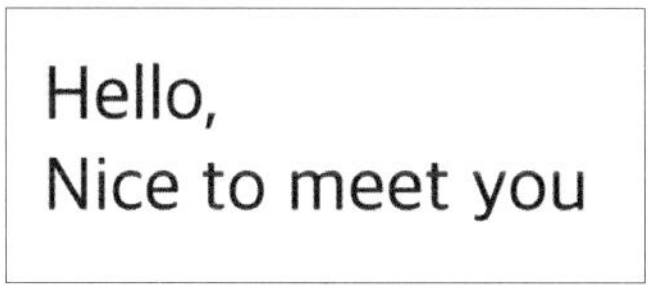

Hello,
Nice to meet you

### 〈input〉 태그

〈input〉 태그는 텍스트 정보, 패스워드, 날짜, 연락처 등 사용자에게 정보를 입력받을 때 사용합니다. 주로 웹 사이트에서 회원 가입을 할 때 이름, 생년월일, 주소와 같은 회원 정보를 입력하는 영역에 〈input〉 태그를 사용합니다.

예제 소스 Exercise/2장/9_input/index.html

```
<!DOCTYPE html>
<html>
<head>……</head>
<body>
    <input type="text" value="이름">
    <input type="submit" value="제출">
    <p>당신의 취미는 무엇입니까?</p>
    <input type="checkbox">영화감상
    <input type="checkbox">사진
    <input type="checkbox">운동
</body>
</html>
```

그림 2-34 <input> 태그 실행 결과

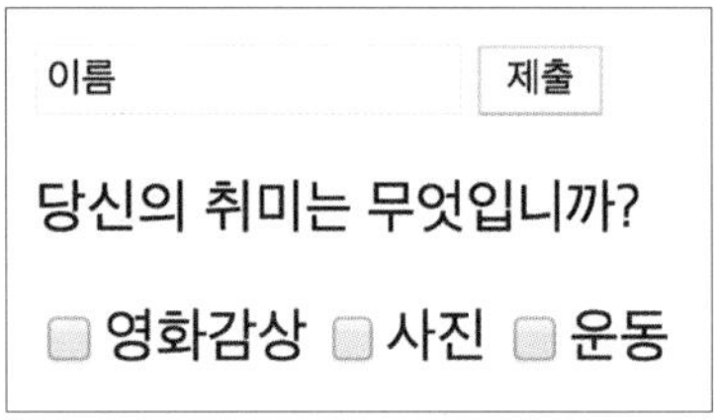


<input> 태그는 type 속성이 어떤 속성값을 갖는지에 따라 형태가 달라집니다. text 속성값은 단어나 짧은 문장을 입력할 수 있는 텍스트 박스를 생성하고, submit 속성값은 전송 버튼을 생성합니다. checkbox 속성값은 다중 선택이 가능한 체크 박스를 생성하며 회원 가입을 할 때 동의를 얻어야 하는 양식에 주로 사용됩니다.

이외에도 password, reset, radio, date 등 type 속성의 속성값에는 여러 가지가 있습니다. 다음 주소에서 type 속성의 속성값을 확인해 보세요.

type 속성값 종류 URL https://www.w3schools.com/html/html_form_input_types.asp

# 7 HTML 주석

막상 웹 사이트를 제작해 보면 페이지 수와 기능이 생각보다 많습니다. 그렇다 보니 자연스럽게 코드 분량도 길어지고 복잡해집니다. 이때 '주석'을 달면 어떤 의도로 이 코드를 작성했는지 쉽게 파악할 수 있습니다. 주석은 프로그램이 동작하는 데는 전혀 관련이 없는 코드지만 문서를 읽고 파악하는 데는 도움을 주는 코드입니다. 일종의 메모라고 보면 됩니다. 특히 HTML 문서를 여러 사람과 공동으로 작업할 때는 일관된 원칙에 따라 주석을 달면 효율성이 높아집니다.

HTML 문서에서는 주석을 ⟨!--와 --⟩ 사이에 입력합니다. 주석은 브라우저 화면에는 표시되지 않습니다. 따라서 실행 결과는 그림 2-34와 동일합니다.

**예제 소스** Exercise/2장/10_comment/index.html

```
<!DOCTYPE html>
<html>
<head>……</head>
<body>
    <!-- type="text" -->
    <input type="text" value="이름">

    <!-- type="submit" -->
    <input type="submit" value="제출">

    <p>당신의 취미는 무엇입니까?</p>

    <!-- type="checkbox" -->
    <input type="checkbox">영화감상
    <input type="checkbox">사진
    <input type="checkbox">운동
</body>
</html>
```

단, 주석 안에 있는 주석은 적용되지 않으므로 주의합니다.

```
<!-- type="text"
    <!-- 주석 안에는 주석을 넣을 수 없다. -->
-->
<input type="text" value="이름">
```

그림 2-35 **주석 안에 주석은 적용되지 않음**

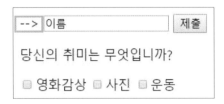

**기발자의 개발 노트**

웹 프로그래밍 언어를 공부하는 채널마다 추천하는 개발 도구가 조금씩 달랐다. 일단 HTML, CSS, 자바스크립트를 사용하기에 적합하고 초보자도 쉽게 이용할 수 있는 개발 도구를 추렸다. 그렇게 추린 개발 도구 목록을 커뮤니티에 올려 의견을 물었더니 다음 세 가지 정도로 좁혀졌다.

### ① 서브라임 텍스트(Sublime Text)

· https://www.sublimetext.com/

무료로 사용할 수 있고 가벼우며 플러그인을 사용하여 새로운 기능을 확장할 수 있어 국내뿐 아니라 해외에서도 많은 개발자가 사용하고 있다. 쓰다 보면 구매해서 쓰라는 알림이 뜨지만 무료 버전이 유료 버전과 기능이 크게 차이 나지 않으므로 그냥 써도 괜찮다.

### ② 브라켓(Bracket)

· http://brackets.io/

어도비(Adobe)에서 구글과 협업하여 만든 개발 도구로 크롬 브라우저를 기반으로 한다. 무료로 사용 가능하며 웹 개발에 필요한 기능이 많아 유용하다. 특히 Live Preview 기능을 사용하면 변경된 내용이 미리 보기 창에 바로 반영되므로 결과물을 바로바로 확인할 수 있다. 개발자뿐만 아니라 웹 디자이너도 많이 사용하는 개발 도구이다.

### ③ 웹스톰(Webstorm)

· https://www.jetbrains.com/webstorm/

이름에 Web이 붙어 있어서인지 HTML, CSS, 자바스크립트 등 프런트엔드 개발에 특화된 도구이다. 특히 자바스크립트는 Node.js라는 새로운 기술이 등장하면서 데이터 전송 작업을 할 수 있는 서버 개발도 가능해졌다. 흔히 이러한 작업을 백엔드 작업이라고 부른다. 웹스톰은 자바스크립트 언어를 기반으로 하는 프런트엔드 및 백엔드 작업을 하는 데 탁월한 개발 도구이다. 단, 여러 장점에도 불구하고 유료이다.

처음에는 무료로 사용할 수 있고 현직 개발자도 많이 사용하는 서브라임 텍스트를 첫 개발 도구로 선택했다. 그러다 지금은 자바스크립트 개발 환경에 특화된 웹스톰을 사용하고 있다. 사람마다 취향이 다르듯 개발 도구도 저마다 고유한 특징이 있으니 자신의 스타일에 맞는 개발 도구를 선택하면 된다.

# DAY 03

# HTML과 레이아웃

이번 시간에는 공간을 정의하는 HTML 주요 태그에 대해 알아보겠습니다. 로고나 메뉴 버튼과 같은 정보가 담긴 태그, 저작권이나 회사 주요 정보를 담는 태그 등 입력되는 정보의 성격에 따라 공간을 정의하는 태그가 조금씩 달라집니다. 상황에 따라 사용되는 태그의 종류와 주요 특징을 익혀 보겠습니다.

그런 다음 레이아웃 작업을 할 때 정렬 방식에 큰 영향을 미치는 요소인 HTML 태그의 두 가지 성격에 대해서도 알아보겠습니다. HTML 전체 내용 중 가장 중요한 부분이므로 집중해서 보기 바랍니다.

## 1 웹 사이트 공간을 정의하는 태그

초등학교 때 배운 곤충의 3요소를 기억하나요? 곤충은 머리, 가슴, 배로 구성되어 있고, 요소마다 고유한 역할과 특징이 있습니다. 곤충과 마찬가지로 우리가 자주 방문하는 웹 사이트도 찬찬히 살펴보면 몇 가지 공통된 영역이 있다는 것을 알 수 있습니다.

그림 3-1 웹 사이트 공간을 정의하는 태그

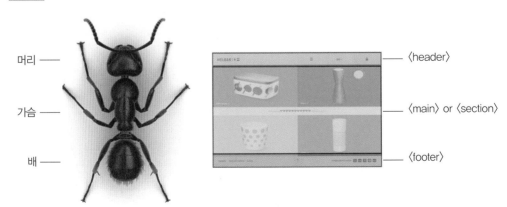

기획에 따라 조금씩 다르지만 일반적인 웹 사이트라면 상단에는 회사 로고와 메뉴, 중앙에는 회사 소개 및 서비스에 관한 설명 글, 하단에는 저작권 표시나 정책 또는 사업자등록번호나 주소 등이 자리합니다.

HTML5에는 상단, 중앙, 하단 등 각 공간을 정의하는 태그가 있습니다. 상단에는 〈header〉 태그, 중앙에는 〈main〉 태그 또는 〈section〉 태그, 하단에는 〈footer〉 태그를 사용합니다. 그럼 지금부터 HTML5 신조어인 공간을 정의하는 태그를 살펴보겠습니다.

### 웹 사이트 공간을 정의하는 태그: 〈header〉와 〈nav〉

〈header〉 태그는 문자 그대로 웹 사이트의 머리글에 해당합니다. 〈header〉 태그 안에는 〈h1〉~〈h6〉 태그를 사용하여 회사 이름이나 슬로건을 입력하고, 〈img〉 태그를 사용하여 회사 로고를 삽입하거나 페이지 전환을 위한 메뉴 버튼을 작성합니다.

〈nav〉 태그는 메뉴 버튼을 담는 공간입니다. 〈nav〉 태그 안에는 버튼을 만들 때 사용하는 〈ul〉, 〈li〉, 〈a〉 태그를 입력할 수 있습니다.

<u>예제 소스</u> Exercise/3장/1_header_nav/index.html

```
<!DOCTYPE html>
<html>
<head>
    <meta charset="UTF-8">
    <meta name="description" content="Web Tutorial">
    <meta name="keywords" content="HTML, CSS">
    <meta name="author" content="inkwon">

    <title>웹 프로그래밍 기초</title>
</head>
<body>
    <header>
        <h1>
            <img src="logo.jpg" alt="길벗 출판사">
        </h1>
        <nav>
```

```
            <ul>
                <li><a href="#">메뉴1</a></li>
                <li><a href="#">메뉴2</a></li>
                <li><a href="#">메뉴3</a></li>
            </ul>
        </nav>
    </header>
</body>
</html>
```

그림 3-2 〈header〉와 〈nav〉 태그 실행 결과

- [메뉴1](#)
- [메뉴2](#)
- [메뉴3](#)

## 웹 사이트 공간을 정의하는 태그: 〈section〉, 〈article〉, 〈aside〉

〈section〉 태그는 웹 사이트 영역을 설정할 때 사용됩니다. 〈article〉 태그는 웹 사이트 주요 내용이 담기는 공간이고 〈aside〉 태그는 본문 내용과 연관성이 적은 내용이 담기는 공간입니다.

〈section〉 태그는 책으로 치면 각 장(chapter)의 내용을 담은 영역입니다.

> **TIP** 지면이 부족하기 때문에 지금부터 배울 태그는 주요 부분만 설명하겠습니다.

예제 소스 Exercise/3장/2_section_article_aside/index.html

```html
<body>
<section>
    <h2>SERVICES</h2>
    <aside>
        <p>페이지 주요 내용과 연관성이 적은 정보를 담는 공간</p>
    </aside>
    <article>
        <h3>E-Commerce</h3>
    </article>
    <aside>
        <p>페이지 주요 내용과 연관성이 적은 정보를 담는 공간</p>
    </aside>
    </section>
</body>
```

그림 3-3 〈section〉, 〈article〉, 〈aside〉 태그 실행 결과

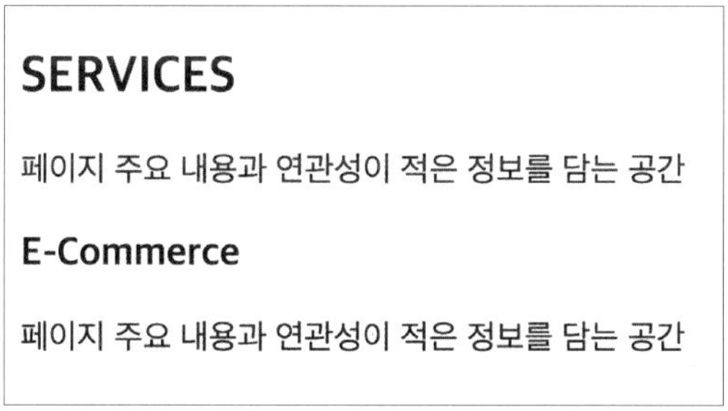

## SERVICES

페이지 주요 내용과 연관성이 적은 정보를 담는 공간

### E-Commerce

페이지 주요 내용과 연관성이 적은 정보를 담는 공간

Agency Template이라는 웹 사이트(https://blackrockdigital.github.io/startbootstrap-agency/)는 〈section〉 태그를 사용하여 다음과 같이 SERVICES, PORTFOLIO, ABOUT, TEAM, CONTACT 영역을 정의했습니다.

그림 3-4 <section> 태그로 정의한 다섯 개의 영역

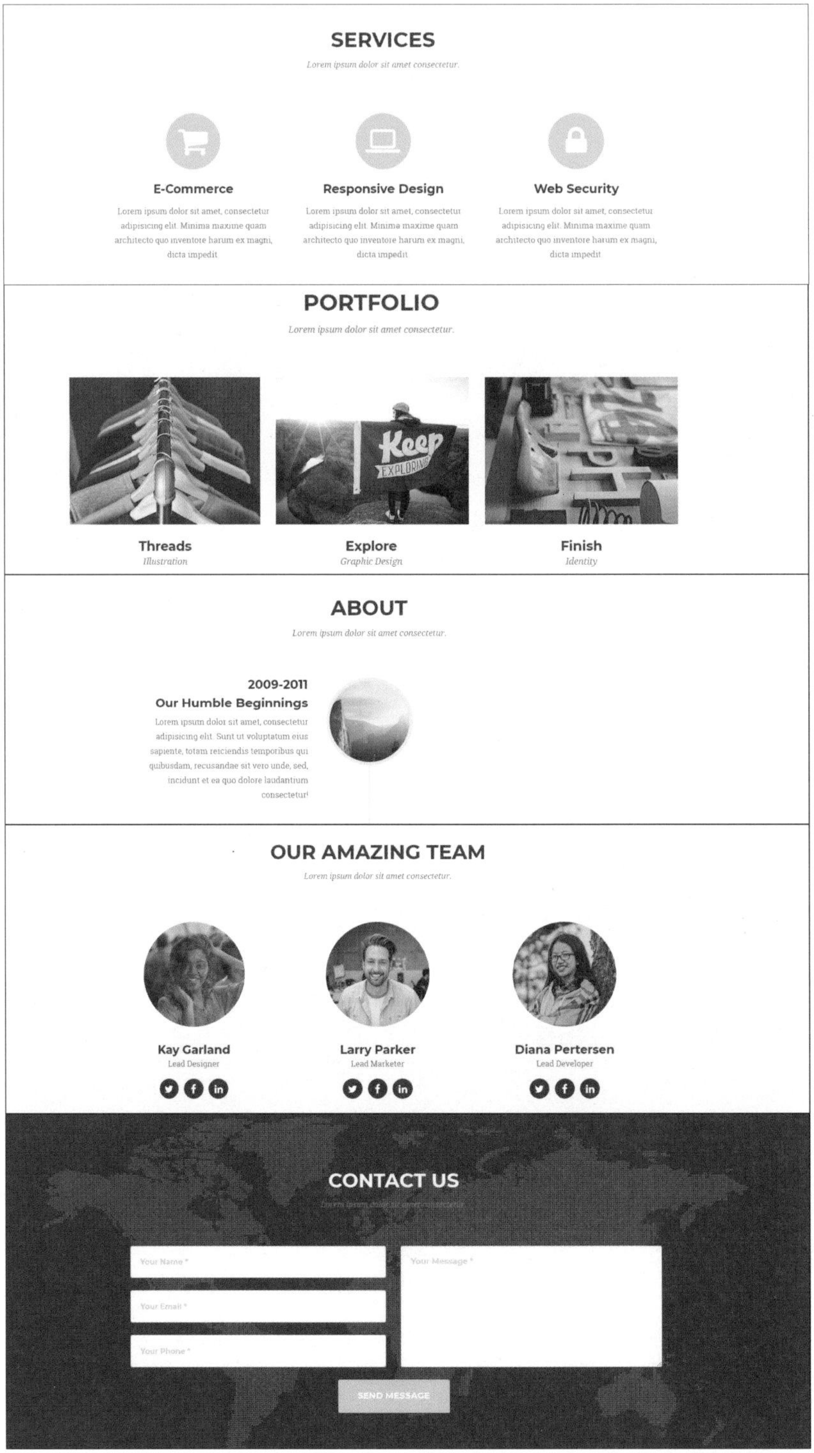

〈section〉 태그를 웹 표준에 맞게 사용하려면 〈section〉 태그 안에 반드시 〈h2〉~〈h6〉 태그 중 하나는 있어야 합니다. 〈section〉 태그 안에 〈h2〉~〈h6〉 태그가 없으면 HTML 웹 표준을 검사하는 도구인 HTML Validator(https://validator.w3.org/#validate_by_input) 로 검사하면 경고 문구가 나타납니다.

그림 3-5 웹 표준 검사 도구 HTML Validator

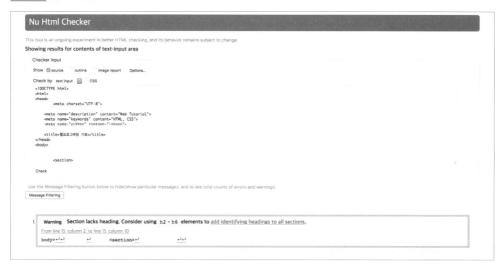

〈article〉 태그는 신문 기사의 본문 영역처럼 웹 사이트의 실제 내용을 담는 공간입니다. 기사 내용을 다른 곳에서도 인용할 수 있는 것처럼 〈article〉 태그 안에 있는 내용은 다른 곳에서 재사용할 수 있습니다. 웹 사이트 본문이나 블로그 포스트 등이 해당합니다. 〈section〉 태그와 마찬가지로 〈article〉 태그 안에는 〈h2〉~〈h6〉 태그 중 하나는 꼭 있어야 합니다.

그림 3-6 〈article〉 태그는 신문 기사의 본문 영역과 비슷하다

〈aside〉 태그는 웹 사이트의 왼쪽 또는 오른쪽 가장자리에 정보를 담는 공간입니다. 흔히 사이드 바라고 부르는 공간입니다. 보통은 배너나 관련 상품처럼 웹 사이트 본문 내용과 직접적으로 관련이 적은 내용을 담습니다.

그림 3-7 온라인 쇼핑몰에서 최근 본 상품 영역이 〈aside〉 태그 영역에 해당한다

## 웹 사이트 공간을 정의하는 태그: 〈main〉

〈main〉 태그는 웹 사이트의 본문 내용 전체를 감쌀 때 사용합니다. 따라서 HTML 문서 한 개당 한 번밖에 사용할 수 없습니다. 사이드 바, 내비게이션 링크, 저작권 정보에 있는 내용을 〈main〉 태그 안에 입력할 수 있습니다. 공간을 정의하는 다른 태그와 달리 인터넷 익스플로러(줄여서 IE)에서는 지원하지 않습니다. 따라서 인터넷 익스플로러를 지원하려면 role 속성을 추가해서 main 속성값을 따로 지정해야 합니다.

예제 소스 Exercise/3장/3_main/index.html

```
<!-- 익스플로러를 지원할 수 있도록 <main> 태그를 사용할 때는 role 속성을 꼭 입력하자. -->
<main role="main">
    <section>
        <h2>Portfolio</h2>
        <article>
            <h3>Project One</h3>
        </article>
```

```
        </section>
    </main>
```

그림 3-8 ⟨main⟩ 태그 실행 결과

## Portfolio

## Project One

## 웹 사이트 공간을 정의하는 태그: ⟨footer⟩

⟨footer⟩ 태그는 웹 사이트 하단에 들어가는 정보를 담는 공간입니다. 보통 사업자등록번호, 주소, 연락처, 이메일 주소, 저작권 표시 등 해당 웹 사이트를 관리하는 회사 정보를 입력할 때 사용합니다.

예제 소스 Exercise/3장/4_footer/index.html

```
<footer>
    <p>회사 주소 : 서울시 00구 00동 12다길 20</p>
    <p>연락처 : 02-123-4567</p>
    <p>이메일 : modo@xxx.com</p>
    <p>저작권 : 000 회사 소유</p>
</footer>
```

그림 3-9 ⟨footer⟩ 태그 실행 결과

회사 주소 : 서울시 OO구 OO동 12다길 20

연락처 : 02-123-4567

이메일 : modo@xxx.com

저작권 : OOO 회사 소유

예를 들어 다음(DAUM) 웹 사이트에는 페이지 아래에 회사 소개, 광고 안내, 검색 등록, 제
휴 문의 같은 내용이 담겨 있습니다.

**그림 3-10** 다음(Daum) 웹 사이트의 〈footer〉 태그 정보

정리하면 곤충이 머리, 가슴, 배라는 세 영역으로 나눠진 것처럼 웹 사이트는 크게 〈header〉
태그, 〈main〉 태그 또는 〈section〉 태그, 〈footer〉 태그라는 세 영역으로 구분되어 있습
니다. 이를 바탕으로 웹 사이트 기본 레이아웃 구조를 만들면 다음과 같습니다.

**예제 소스** Exercise/3장/5_total/index.html

```
<!DOCTYPE html>
<html>
<head>......</head>
<body>
    <header>
        <h1>
            <img src="logo.jpg" alt="길벗 출판사">
        </h1>
```

```
<nav>
    <ul>
        <li><a href="#">메뉴1</a></li>
        <li><a href="#">메뉴2</a></li>
        <li><a href="#">메뉴3</a></li>
    </ul>
</nav>
</header>
<section>
    <h2>SERVICES</h2>
    <aside>
        <p>페이지 주요 내용과 연관성이 적은 정보를 담는 공간</p>
    </aside>
    <article>
        <h3>E-Commerce</h3>
    </article>
    <aside>
        <p>페이지 주요 내용과 연관성이 적은 정보를 담는 공간</p>
    </aside>
</section>

<!-- <main> 태그와 <section> 태그를 결합한 방식 -->
<!-- <main>과 <section> 태그를 함께 사용할 때는 <main> 태그 안에 <section> 태그를 작성하도록 권장한다. -->
<!--
<main role="main">
    <section>
        <h2>Portfolio</h2>
        <article>
            <h3>Project One</h3>
        </article>
    </section>
</main>
-->
```

```
<footer>
    <p>회사 주소 : 서울시 00구 00동 12다길 20</p>
    <p>연락처 : 02-123-4567</p>
    <p>이메일 : modo@xxx.com</p>
    <p>저작권 : 000 회사 소유</p>
</footer>
</body>
</html>
```

그림 3-11 **실행 결과**

사람마다 취향이 다르듯 개발자마다 태그를 사용하는 방식이 다릅니다. 따라서 특정한 방식을 고집할 필요는 없습니다. <section> 태그 안에 <header> 태그나 <footer> 태그가 사용될 수 있고, <header> 태그 안에 <nav> 태그가 없을 수도 있습니다. 즉, 정답은 없고 선택만 있을 뿐입니다. 다양한 형태로 HTML 설계 작업이 가능하다는 것을 기억하되, 웹 표준을 바탕으로 자신만의 방법으로 설계 작업을 진행하면 됩니다.

그림 3-12 웹 사이트 공간을 정의하는 태그

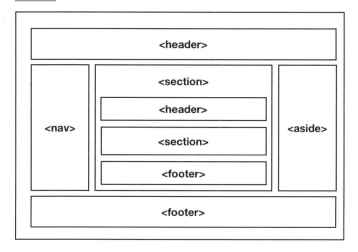

## 웹 사이트 공간을 정의하는 태그: ⟨div⟩

우리가 사는 집안 구조를 살펴보면 안방, 거실, 부엌, 화장실 등 각자 영역을 차지하는 큰 공간이 있습니다. 이처럼 ⟨header⟩, ⟨main⟩, ⟨section⟩, ⟨footer⟩ 태그도 웹 사이트에서 큰 공간을 만들 때 사용됩니다. 하지만 집은 큰 공간으로만 구성되어 있지 않습니다. 거실에는 소파나 TV를 놓을 구역, 부엌에는 싱크대나 식탁을 놓을 구역이 필요합니다. 즉, 큰 공간 안에 작은 구역이 필연적으로 들어갈 수밖에 없습니다. 이렇게 작은 구역을 만들 때 사용하는 것이 ⟨div⟩ 태그입니다.

그림 3-13 큰 공간은 다시 작은 공간으로 나눠진다

〈div〉 태그는 임의의 작은 구역을 만들 때 사용합니다. 웹 사이트를 제작할 때 가장 많이 사용하는 태그 중 하나입니다. 웹 사이트 유지 보수 작업을 고려하여 서랍장처럼 다른 요소를 담아낼 때도 사용합니다.

그림 3-14의 키즈가오 웹 사이트를 살펴보면 로고를 기준으로 동물이 상하좌우에 배치되어 있습니다. 이때 로고를 포함하여 이미지 다섯 개를 그냥 배치했다면 문제가 발생할 수 있습니다. 예를 들어 클라이언트가 로고의 위치를 조정해 달라고 요청할 수 있습니다. 이럴 때는 로고뿐만 아니라 로고를 둘러싼 동물 이미지도 배치 작업을 새로 해야 합니다. 즉, 수정 작업을 총 다섯 번 해야 합니다.

그림 3-14 이미지를 그냥 배치할 경우 수정 작업을 총 다섯 번 해야 한다

하지만 이미지 다섯 개를 〈div〉 태그로 만든 서랍장 안에 담았다면 이야기가 달라집니다. 물론 애초에 레이아웃 작업을 할 때 서랍장까지 만들어야 하므로 한 번 더 손이 가긴 하지만 이후에 클라이언트가 위치를 조정해 달라고 요청해도 서랍장만 이동시키면 안에 있는 내용물이 따라서 이동하므로 수정 작업을 한 번만 하면 됩니다.

그림 3-15 〈div〉 태그로 서랍장을 만들어 두면 이후에 한 번만 수정하면 된다

이처럼 공간을 정의하는 태그를 사용할 때는 유지 보수까지 고려하여 HTML 코드를 설계해야 합니다. 유지 보수와 연관된 〈div〉 태그 사용법은 'Day 12 키즈가오 프로젝트 시작하기'에서 자세히 설명하겠습니다.

## 2 HTML의 두 가지 혈액형: Block 요소와 Inline 요소

혈액형별 심리 테스트를 하면 A형, B형, O형, AB형별로 성격과 심리 상태가 다르게 나옵니다. HTML 또한 Block 요소와 Inline 요소라고 불리는 혈액형 두 개를 갖고 있는데, 이 둘은 성격이 판이합니다.

Block 요소와 Inline 요소는 웹 사이트 레이아웃 작업에 영향을 미치는 요소 중 하나입니다. 결론부터 말하면 Block 요소와 Inline 요소의 특징을 모르면 웹 사이드 직입이 거의 불가능합니다(필자는 이 특징을 모르는 상태로 키즈가오 작업을 시작해서 초반에 꽤 힘겨웠습니다). 그만큼 중요한 내용이므로 집중해서 살펴보겠습니다. 다행히 난이도는 높지 않으니 겁먹지 않아도 됩니다.

Block 요소와 Inline 요소에는 다음 세 가지 특징이 있습니다.

- 줄 바꿈 현상 유무
- width와 height 속성 적용 유무
- margin-top, margin-bottom, padding-top, padding-bottom 속성 적용 유무

아직 CSS를 배우지 않았으므로 줄 바꿈 현상 유무만 가지고 Block 요소와 Inline 요소의 특징을 살펴보겠습니다.

예제 소스 Exercise/3장/6_inline_block/index.html

```
<!-- Block 요소 -->
<p>Hello World</p>
<p>Hello World</p>
<p>Hello World</p>

<!-- Inline 요소 -->
<span>Nice to meet you</span>
<span>Nice to meet you</span>
<span>Nice to meet you</span>
```

그림 3-16 Block 요소와 Inline 요소

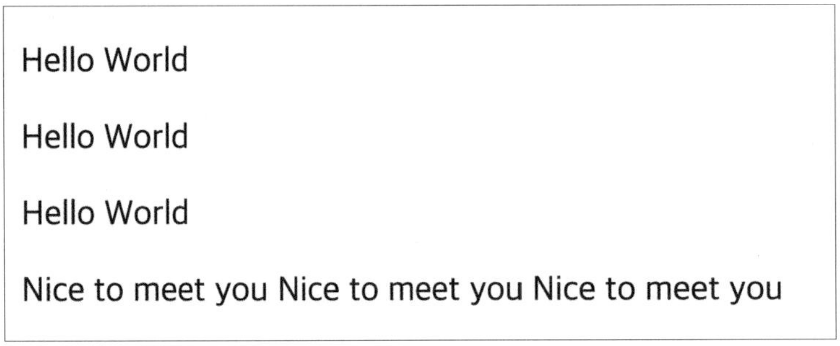

Hello World

Hello World

Hello World

Nice to meet you Nice to meet you Nice to meet you

<p> 태그를 사용한 Hello World 문장은 y축(세로)을 기준으로 정렬됩니다. 반면 <span> 태그를 사용한 Nice to meet you 문장은 x축(가로)을 기준으로 정렬됩니다. 이처럼 줄 바꿈 현상이 일어나 y축 방향으로 콘텐츠가 정렬되는 태그를 Block 요소라고 하고, 줄 바꿈 현상이 일어나지 않아 x축 방향으로 콘텐츠가 정렬되는 태그를 Inline 요소라고 합니다.

Block 요소를 갖고 있는 태그에는 <h1>~<h6>, <p>, 웹 사이트 공간을 정의하는 태그, 즉 <header>, <section>, <main>, <aside>, <footer>, <div> 태그 등이 있습니다. 반대로 Inline 요소를 갖고 있는 태그에는 <span>, <a>, <input> 태그 등이 있습니다.

표 3-1 Block 요소를 갖고 있는 태그와 Inline 요소를 갖고 있는 태그

| | 태그 종류 | 줄 바꿈 유무 |
|---|---|---|
| Block 요소 | <h1>~<h6>, <p>, <header>, <section>, <main>, <aside>, <footer>, <div> | O |
| Inline 요소 | <span>, <a>, <input> | X |

그럼 Block 요소와 Inline 요소를 파악하는 것이 왜 중요할까요? 지금부터는 CSS 내용이 들어가기 때문에 잠시 눈으로만 봐 두세요.

우선 <nav>, <ul>, <li>, <a> 태그를 사용하여 메뉴 버튼 설계 작업을 진행하겠습니다.

예제 소스 Exercise/3장/6_inline_block/index01.html

```
<nav>
    <ul>
        <li><a href="#">메뉴1</a></li>
        <li><a href="#">메뉴2</a></li>
        <li><a href="#">메뉴3</a></li>
    </ul>
</nav>
```

그림 3-17 실행 결과

- <u>메뉴1</u>
- <u>메뉴2</u>
- <u>메뉴3</u>

\<li\> 태그는 줄 바꿈 현상이 일어나기 때문에 지금처럼 y축 방향으로 콘텐츠가 정렬됩니다. x축 방향으로 정렬된 메뉴 버튼을 만들고 싶다면 \<li\> 태그의 성격을 Inline 요소로 바꿔야 합니다. 이때 사용하는 속성이 CSS 언어의 display입니다.

다음과 같이 display 속성 안에 inline 속성값을 입력하면 \<li\> 태그가 x축 방향으로 정렬됩니다.

예제 소스 Exercise/3장/6_inline_block/index02.html

```
<!DOCTYPE html>
<html>
<head>
    ...
    <title>웹 프로그래밍 기초</title>
    <!-- display 속성으로 HTML 태그의 성격을 변경할 수 있습니다. -->
    <style>
        li { display: inline; }
    </style>
</head>
<body>
...
</body>
</html>
```

그림 3-18 **실행 결과**

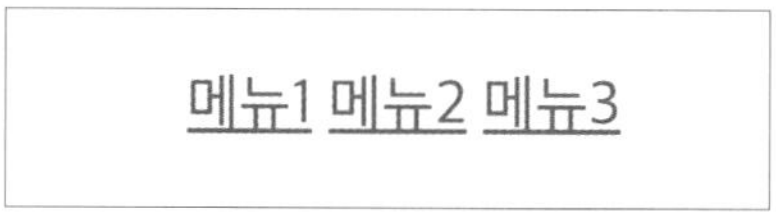

메뉴1 메뉴2 메뉴3

display 속성을 사용하면 HTML 태그가 갖고 있는 혈액형을 바꿀 수 있습니다. 이렇듯 기존 HTML 태그의 성격은 웹 사이트 레이아웃 작업에 영향을 미치기 때문에 어느 HTML 태그가 어떤 혈액형을 갖고 있는지 파악하는 것이 중요합니다.

다음 HTML 레퍼런스 사이트에서 각 HTML 태그가 어떤 혈액형을 갖고 있는지 꼭 확인해 두길 바랍니다. 지금처럼 같은 태그를 연속으로 입력했을 때 정렬되는 방식을 중심으로 살펴보면 됩니다.

HTML 레퍼런스 URL  https://www.w3schools.com/tag5s/default.asp

> **TIP**
> 사실 〈li〉는 list-item 요소라고 불리는 다른 혈액형을 갖고 있습니다. 기본적으로 Block 요소의 성격을 갖고 있으며 목록 정보를 표현하는 CSS 속성을 추가적으로 이용할 수 있다는 특징이 있습니다. 이외에도 다른 혈액형이 있기는 하지만 보통의 웹 사이트라면 Block 요소와 Inline 요소만으로도 대부분 작업할 수 있으므로 현재 학습 단계에서는 이 두 가지 혈액형만 기억해 두세요.

이번 장을 마지막으로 HTML 기초 설명을 모두 마무리했다. HTML 언어를 처음 접하는 독자라면 개발 언어치고 의외로 쉽다고 느꼈을 것이다. HTML 언어는 각 태그의 종류와 역할을 아는 것부터 학습이 시작된다. 영어 단어를 공부하는 방식과 비슷해서 입문자 대부분은 다른 개발 언어에 비해 깊이가 낮다고 느낄 수 있다. 필자도 그랬다.

하지만 영어 단어만 가지고 문장을 만들기 어려운 것처럼 HTML 언어를 배울 때도 어느 순간 어려운 지점을 만난다. 웹 표준, 웹 접근성, 크로스 브라우징, 검색 결과 등을 고려하여 HTML 태그를 작성해야 하는데, 이때 체감 난이도가 급격히 상승한다. 이러한 이유 때문에 규모가 큰 개발 회사는 HTML 언어만 다루는 부서와 개발자 부서를 따로 둘 정도이다.

HTML 언어를 다루는 작업을 '마크업 작업'이라고 하고, 마크업 작업을 하는 사람을 '마크업 개발자'라고 부른다. 회사마다 마크업을 정의하는 범위가 조금씩 다르지만 보통은 HTML 언어에 국한해서 얘기할 만큼 전문 영역이므로 가볍게 생각해서는 곤란하다.

물론 입문 단계에서는 HTML 언어를 배울 때 너무 깊게 고민할 필요가 없다. 입문자라면 HTML 태그 자체를 깊게 학습하기보다는 눈에 보이는 결과물을 빠르게 만드는 편이 더 유용하다. 그래야 강한 동기가 유지되기 때문이다.

이 단계에서 주의 깊게 살펴봐야 할 내용이 있다. 바로 레이아웃 작업에 직접 영향을 미치는 Block 요소와 Inline 요소이다. 내가 원하는 위치에 특정 요소를 배치하고 정렬하는 레이아웃 작업은 생각보다 어렵다. 실제로 웹 사이트를 제작할 때 가장 많이 좌절하는 단계이다. 다른 개발 언어를 공부했던 개발자도 똑같이 겪는 문제이기도 하다.

처음 키즈가오 웹 사이트를 작업했을 때는 Block 요소와 Inline 요소를 전혀 모르는 상태였다. 독학을 했던 터라 물어볼 사람도 없었다. 당시 보던 책이나 동영상 콘텐츠에서도 Block 요소와 Inline 요소가 왜 중요한지 설명해 주지 않았다. 이는 앞에서 간단히 언급했던 CSS 언어의 display 속성의 존재 이유를 이해하는 데도 영향을 미쳤다.

덕분(?)에 키즈가오 웹 사이트를 작업할 때 엄청난 고난을 만났고 직접 몸으로 부딪히며 배울 수 있었다. 수십 번을 수정한 경험 덕분에 이제는 웹 사이트 디자인 시안만 봐도 레이아웃 구조를 어떻게 잡아야 하는지 견적(?)을 낼 수 있게 되었다.

필자와 같은 고난과 시련을 겪고 싶지 않다면 CSS 내용을 보기 전에 Block 요소와 Inline 요소의 성격을 지닌 태그의 종류를 꼭 숙지하기 바란다.

둘째 마당

# 웹 디자인을 담당하는 CSS

# CSS 시작하기

CSS 언어는 공간의 크기와 위치를 조정하고 글자의 글꼴이나 색상을 바꾸는 등 HTML 영역에 디자인 효과를 적용할 때 사용합니다. 이번 시간에는 HTML 문서에 CSS 언어를 적용하는 방법과 CSS 선택자에 대해 알아보겠습니다.

## 1 웹 사이트 디자인을 담당하는 언어, CSS

CSS는 Cascading Style Sheet의 약자로 디자인 영역을 담당하는 언어입니다. 주로 공간의 크기를 설정하고 이를 배치하거나 글자 색을 변경하고 배경 이미지를 삽입할 때 사용합니다.

그림 4-1 웹 사이트의 디자인 영역을 담당하는 CSS

HTML 언어와 마찬가지로 CSS 언어 또한 시간이 흐르면서 점점 발전했습니다. 과거에는 색상 변경이나 레이아웃 배치 등 단편적인 디자인 작업만 가능했지만, CSS3가 등장하면서 텍스트에 그림자를 더하거나 그러데이션(gradation)을 적용하는 등 디자인적으로 표현할 수 있는 범위가 넓어졌습니다.

또한 애니메이션 기능이 추가되어 일정 범위 안에서는 제이쿼리(jQuery)와 자바스크립트를 대체할 수 있을 정도로 발전했습니다.

다음 CSS 3.0 Maker 웹 사이트에서는 CSS3에 추가된 기능을 간단한 조작으로 확인할 수 있습니다.

CSS 3.0 Maker URL http://www.css3maker.com/

## 2  CSS 구성 요소와 연동 방법

CSS는 다음과 같이 디자인을 적용할 HTML 영역, 속성, 속성값으로 구성되어 있습니다.

```
디자인을 적용할 HTML 영역 { 속성: 속성값; }
```

디자인을 적용할 HTML 영역을 선택하고 중괄호({ }) 안에 어떤 디자인을 적용할지 속성과 속성값을 지정한 후 세미콜론(;)으로 마무리합니다. 세미콜론은 CSS 문장에서 마침표(.) 역할을 합니다.

예를 들어 가방 디자인을 CSS 코드로 작성하면 다음과 같이 정리할 수 있습니다.

```
가방 { 너비: 30cm; 높이: 20cm; 색상: 빨간색; }
```

HTML 문서에 입력된 정보나 공간에 CSS 디자인 효과를 적용하려면 다음 세 가지 방법 중 하나를 선택합니다.

- 인터널 방식: HTML 문서 안에 〈style〉 태그를 사용하여 적용하는 방식
- 인라인 방식: HTML 태그 안에 style 속성을 사용하여 적용하는 방식
- 익스터널 방식: CSS 파일을 생성하여 HTML 문서와 연동시키는 방식

## 인터널 방식

인터널 방식은 〈head〉 태그 안에 〈style〉 태그를 사용하여 CSS를 적용하는 방식입니다. 다음과 같이 〈style〉 태그 안에 디자인을 적용할 영역인 〈h1〉 태그를 선택한 다음 color: red;을 입력하면 〈h1〉 요소인 Hello World에 빨간색이 적용되어 브라우저 화면에 출력됩니다.

**예제 소스** Exercise/4장/1_Internal_Inline_External/index01.html

```
<head>
...
    <title>웹 프로그래밍 기초</title>
    <!-- 인터널 방식 : <head> 태그 안에 <style> 태그를 추가하여 디자인하는 방식 -->
    <style>
        h1 {
            color: red;
        }
    </style>
</head>
```

**그림 4-2 실행 결과**

# Hello World

## 인라인 방식

인라인 방식은 HTML 태그에 직접 style 속성을 추가하여 적용하는 방식입니다. ⟨h1⟩ 태그 안에 style 속성을 추가하여 "background-color: yellow;"를 입력하면 노란색 배경이 적용됩니다.

예제 소스 Exercise/4장/1_Internal_Inline_External/index02.html

```html
<body>
    <!-- 인라인 방식 : HTML 태그 안에 style 속성을 추가하여 적용하는 방식 -->
    <h1 style="background-color: yellow;">Hello World</h1>
</body>
```

그림 4-3 실행 결과

# Hello World

## 익스터널 방식

인터널 방식과 인라인 방식은 HTML 문서 안에 CSS 언어를 입력하는 방식입니다. 하지만 이 두 가지 방식에는 치명적인 단점이 있습니다.

한국어와 영어를 섞어 쓴 책이 있다고 가정하겠습니다. 독자 입장에서는 가독성도 떨어지고 전체 내용을 파악하기가 어려울 것입니다. 마찬가지로 한 개의 HTML 문서 안에 HTML 언어와 CSS 언어를 섞어 쓰면 코드 분량이 길어지고 내용을 파악하기도 어려워집니다. 그만큼 유지 보수가 힘들어집니다.

일반적으로 웹 사이트를 제작할 때 HTML 언어는 HTML 문서 안에 작성하고, CSS 언어는 CSS 문서 안에 분리하여 작성합니다. 그런 다음 HTML 문서와 CSS 문서를 연동시킵니다. 이러한 제작 방식이 익스터널 방식입니다.

HTML 문서를 생성했던 방법과 같은 방법으로 style.css 문서를 생성합니다.

1  서브라임 텍스트를 열고 File → New File 메뉴를 선택합니다.

그림 4-4 File → New File 클릭

2  untitled 탭이 나타나면 다시 File → Save 메뉴를 선택합니다.

그림 4-5 File → Save 클릭

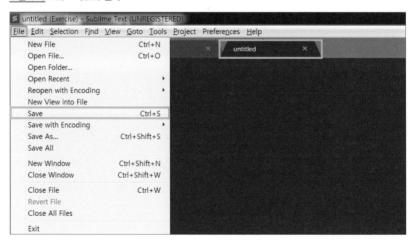

**3** 다른 이름으로 저장 창이 나타나면 파일 저장 경로를 Exercise 폴더로 지정하고 파일명
과 확장자를 style.css로 입력한 다음 **저장** 버튼을 누릅니다.

그림 4-6 저장 경로를 지정한 다음 파일 이름에 style.css를 입력하고 저장 버튼 클릭

**4** untitled 탭이 style.css 탭으로 변경되면서 style.css 문서가 만들어집니다.

그림 4-7 untitled 탭이 style.css 탭으로 변경

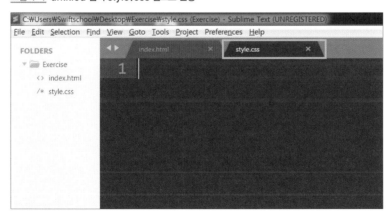

HTML 문서와 CSS 문서를 연동하려면 〈head〉 태그 안에 〈link〉 태그를 작성해야 합니다.
〈link〉 태그의 href 속성값에는 style.css 문서의 경로를 입력합니다. 현재 index.html 파일
과 style.css 파일은 같은 폴더 안에 있으므로 파일 이름만 적어 줍니다.

예제 소스 Exercise/4장/1_Internal_Inline_External/index03.html

```
<head>
...
    <title>웹 프로그래밍 기초</title>
    <style>
        h1 {
            color: red;
        }
    </style>
    <!-- 익스터널 방식 : <link> 태그를 사용하여 외부 CSS 파일을 연동하는 방식 -->
    <link rel="stylesheet" href="style.css">
</head>
```

다음으로 style.css 문서 안에서 <h1> 태그를 선택하고 font-style: italic;을 입력하면 글자가 이탤릭체로 바뀝니다.

예제 소스 Exercise/4장/1_Internal_Inline_External/style.css

```
h1 {
    font-style: italic;
}
```

그림 4-8 실행 결과

*Hello World*

TIP
앞에서도 말했듯이 서브라임 텍스트는 자동 저장 기능을 지원하지 않습니다. HTML 문서와 CSS 문서 내용을 수정했다면 Ctrl + S 를 눌러 문서를 저장해야 결과가 제대로 반영됩니다.

웹 사이트를 제작할 때 CSS 문서를 한 개만 만드는 경우는 흔치 않습니다. 대개는 페이지별 또는 기능별로 CSS 문서를 따로 만들어 관리합니다. 이때 파일을 효율적으로 관리하려면 css 폴더를 따로 만들고 그 폴더 안에 CSS 문서를 모아 두는 것이 좋습니다. css 폴더 안에 style.css 파일을 담아 두었다면 다음과 같이 파일 경로를 수정해야 합니다.

```
<link rel="stylesheet" href="css/style.css">
```

유지 보수 작업을 고려하여 웹 사이트를 제작한다면 익스터널 방식으로 작업을 진행하는 것이 좋습니다.

 **잠깐만요**

### 서브라임 텍스트의 화면 분할 기능

서브라임 텍스트에서 지원하는 화면 분할 기능을 사용하면 좀 더 편하게 코딩할 수 있습니다. View → Layout → Columns: 2 메뉴를 선택하면 화면이 좌우로 분할됩니다. 상단 탭에서 옮기고 싶은 문서를 클릭하여 원하는 화면으로 드래그하면 HTML 문서와 CSS 문서를 동시에 볼 수 있습니다.

■ 서브라임 텍스트에서 View → Layout → Columns: 2 메뉴를 선택합니다.

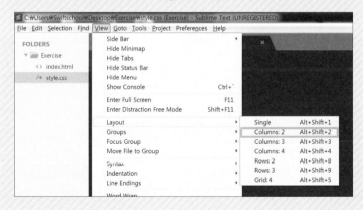

**2** style.css 탭을 클릭한 상태에서 분할된 오른쪽 화면을 드래그하면 왼쪽 화면에는 HTML 문서, 오른쪽 화면에는 CSS 문서가 나타나 두 문서를 한눈에 볼 수 있습니다.

3  **CSS 선택자**

선택자란 문자 그대로 디자인 작업을 진행할 영역을 선택하는 요소를 말합니다. 앞에서 언급한 '디자인을 적용할 HTML 영역'이 바로 선택자입니다. CSS 선택자는 type, id, class로 구분됩니다.

### type 선택자

type 선택자는 〈h1〉, 〈p〉, 〈a〉, 〈span〉 같은 HTML 태그를 기준으로 디자인을 적용합니다. 다음과 같은 〈h1〉 태그가 있다고 가정하겠습니다.

<u>예제 소스</u> Exercise/4장/2_selector/index01.html

```
<body>
    <h1>type 선택자</h1>
</body>
```

〈h1〉 태그에 디자인을 적용하려면 CSS 문서 안에 〈h1〉 태그를 선택하여 CSS 속성을 적용합니다.

예제 소스 Exercise/4장/2_selector/style.css

```
h1 {
    color: red;
}
```

그림 4-9 실행 결과

## type 선택자

## id 선택자

id 선택자는 HTML 태그에 '이름'을 지어 선택하는 방식입니다. 다음과 같이 원하는 태그에 id 속성을 추가하고 속성값에 자신이 원하는 이름을 적어 줍니다. 여기서는 〈h2〉 태그에 "bg"라는 이름을 작성했습니다.

예제 소스 Exercise/4장/2_selector/index02.html

```
<body>
    <h1>type 선택자</h1>
    <h2 id="bg">id 선택자</h2>
</body>
```

CSS 문서 안에서는 샵(#) 기호를 사용하여 id 속성값, 즉 bg를 선택한 다음(#bg) 디자인 작업을 진행합니다. 여기서는 배경색을 노란색으로 지정했습니다.

예제 소스 Exercise/4장/2_selector/style.css

```
h1 {
    color: red;
}

#bg {
    background-color: yellow;
}
```

그림 4-10 실행 결과

# type 선택자

## id 선택자

## class 선택자

class 선택자는 HTML 태그에 '별명'을 지어 선택하는 방식입니다. id 선택자와 마찬가지로 원하는 태그에 class 속성을 추가하고, 속성값에 원하는 별명을 작성합니다. 여기서는 `<h3>` 태그에 "size"라는 별명을 작성했습니다.

예제 소스 Exercise/4장/2_selector/index03.html

```
<body>
    <h1>type 선택자</h1>
    <h2 id="bg">id 선택자</h2>
    <h3 class="size">class 선택자</h3>
</body>
```

CSS 문서에서는 .(마침표) 기호를 사용하여 class 속성값, 즉 size를 선택하고(.size) 디자인 작업을 진행합니다. 여기서는 글자 크기를 50px로 지정했습니다.

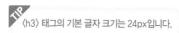
〈h3〉 태그의 기본 글자 크기는 24px입니다.

예제 소스 Exercise/4장/2_selector/style.css

```css
.size {
    font-size: 50px;
}
```

그림 4-11 실행 결과

type 선택자

id 선택자

# class 선택자

## id 속성과 class 속성의 차이점

id 속성과 class 속성은 어떤 차이가 있을까요? 앞서 id는 이름이고 class는 별명이라고 설명했습니다. 보통 한 사람당 이름은 하나만 갖고 있지만 별명은 여러 개 가질 수 있습니다. 예를 들어 필자의 이름은 '김인권' 하나뿐이지만, 별명은 '전인권', '라이프', '인권변호사' 등 여러 개가 있는 것처럼 말입니다.

id 속성과 class 속성 또한 마찬가지입니다. id 속성은 속성값을 하나만 사용할 수 있습니다. 반대로 class 속성은 속성값을 여러 개 사용할 수 있습니다.

&lt;h3&gt; 태그 안에 class 속성값으로 새로운 별명 "color"를 추가하고 CSS 문서에서 color: blue;을 작성합니다. 새로운 별명을 추가할 때는 size와 color 사이에 공백을 한 칸 넣은 다음에 입력합니다.

예제 소스 Exercise/4장/2_selector/index04.html

```
<body>
    <h1>type 선택자</h1>
    <h2 id="bg">id 선택자</h2>
    <h3 class="size color">class 선택자</h3>
</body>
```

예제 소스 Exercise/4장/2_selector/style.css

```
.size {
    font-size: 50px;
}

.color {
    color: blue;
}
```

그림 4-12 실행 결과

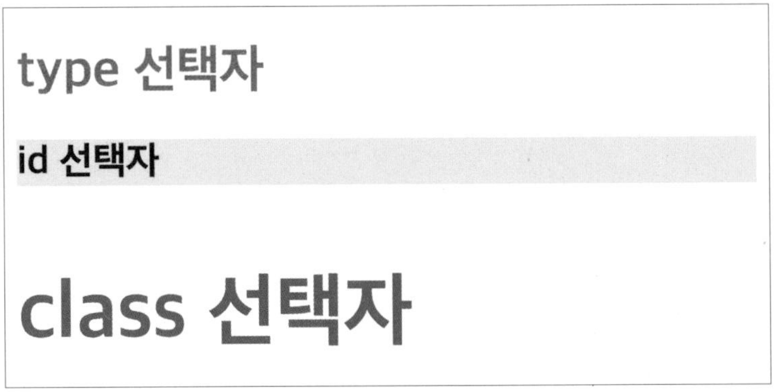

# type 선택자

## id 선택자

# class 선택자

결과를 보면 CSS 문서 안에 적용한 속성값 두 개, 즉 .size와 .color가 모두 적용된 것을 알 수 있습니다.

이번에는 〈h2〉 태그 안에 id 속성값으로 "color"라는 새 이름을 추가하고, CSS 문서에서 # 기호를 사용해서 color: red;을 적용해 보세요.

**예제 소스** Exercise/4장/2_selector/index05.html

```
<!DOCTYPE html>
<html>
<head>…</head>
<body>
    <h1>type 선택자</h1>
    <h2 id="bg color">id 선택자</h2>
    <h3 class="size color">class 선택자</h3>
</body>
</html>
```

**예제 소스** Exercise/4장/2_selector/style.css

```
h1 {
    color: red;
}

#bg {
    background-color: yellow;
}

#color {
    color: red;
}

.size {
    font-size: 50px;
```

```
    }

    .color {
        color: blue;
    }
}
```

그림 4-13 실행 결과

# type 선택자

## id 선택자

# class 선택자

어떤가요? 결과를 보면 글자 색은 바뀌지 않았고 앞에서 적용한 노란색 배경마저 사라졌습니다. id 속성의 속성값을 두 개 입력했기 때문에 잘못된 코드가 입력되어 이전에 적용한 디자인까지 사라진 것입니다. 정리하면 id는 이름처럼 속성값을 한 개만 사용할 수 있는데 반해, class는 별명처럼 속성값을 여러 개 사용할 수 있습니다.

그럼 어떤 상황에서 id 속성을 사용하고 어떤 상황에서 class 속성을 사용하는 걸까요? 집으로 비유하면 id 속성은 안방, 거실, 주방 등과 같이 큰 공간의 개념입니다. 이러한 큰 공간은 일반적으로 한 집에 한 개만 있습니다. 마찬가지로 한 개의 HTML 문서에서는 id 속성을 큰 공간을 만들 때 사용합니다. 이때 이름이 같은 id 속성값을 여러 번 사용하면 곤란합니다. 즉, <header id="intro">, <footer id="intro">와 같이 "intro"라는 속성값을 중복해서 사용하면 곤란합니다. 보통 안방이 한 집에 한 개만 있는 것처럼 "intro" 속성값은 한 개만 존재해야 합니다.

class 속성은 큰 공간 안에 있는 작은 구역을 만들 때 사용합니다. 예를 들어 안방에는 의자, 책상, 침대 등 작은 가구를 놓을 공간이 있습니다. 하지만 의자, 책상, 침대는 안방이 아닌 공간에도 있을 수 있습니다. 이처럼 class 속성은 id 속성 안에서 작은 구역을 만들 때 사용하고, 이름이 같은 class 속성값을 여러 번 사용할 수 있습니다.

__그림 4-14__ 주로 id 속성은 큰 공간, class 속성은 작은 공간을 만들 때 사용한다.

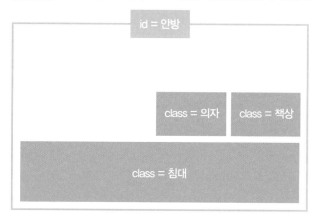

TIP
상황에 따라서 class 속성 안에 id 속성을 만드는 경우도 있습니다. 개발자마다 HTML 문서를 작성하는 방식이 다르기 때문입니다. 반드시 id 속성이 적용된 영역 안에 class 속성이 있어야 하는 것은 아닙니다.

# DAY 05 CSS 사용하기

이번 시간에는 CSS 속성의 상속 관계와 CSS 속성을 적용할 때 우선순위에 영향을 미치는 캐스케이딩(cascading)에 대해 알아보겠습니다.

##  부모 자식 간의 CSS 상속

HTML은 필연적으로 태그가 태그를 포함하는 구조인데, 이러한 구조를 부모-자식 관계라고 합니다. 예제 코드를 보면 〈header〉 태그 안에 〈h1〉과 〈p〉 태그가 포함되어 있습니다. 여기서 상위에 있는 〈header〉 태그를 '부모'라고 하고, 하위에 있는 〈h1〉과 〈p〉 태그를 '자식'이라고 합니다. 그리고 〈h1〉과 〈p〉 태그를 서로 '형제'라고 표현합니다.

<u>예제 소스</u> Exercise/5장/1_inheritance/index.html

```
<!DOCTYPE html>
<html>
<head>……</head>
<body>
    <header>
        <h1>header h1</h1>
        <p>header p</p>
    </header>
</body>
</html>
```

부모 태그에 CSS 속성을 적용하면 자식 태그는 어떤 영향을 받을까요?

예제 소스 Exercise/5장/1_inheritance/style.css

```
header {
    color: red;
}
```

그림 5-1 index.html 실행 결과

# header h1

header p

TIP 여기서는 익스터널 방식(77쪽)으로 CSS 속성을 적용합니다.

〈header〉 태그에 color: red;을 적용했더니 부모의 CSS 속성을 자식인 〈h1〉과 〈p〉 태그가 상속받으면서 글자 색이 모두 빨간색으로 바뀌었습니다.

이처럼 부모가 가진 CSS 속성이 자식에게 영향을 미치는 것을 '상속'이라고 합니다. 현실 세계에서 부모의 유전자가 자식에게 전달되는 것과 유사합니다. 단, 부모의 CSS 속성 중에서 이후에 살펴볼 background-color, margin, padding, position 등 몇 가지 속성은 자식에게 상속되지 않습니다. 부모의 유전자가 자식에게 전부 전해지지 않고 일부만 전해지는 것과 유사합니다.

〈header〉 태그의 color: red 속성을 상속받은 상태에서 〈h1〉과 〈p〉 태그에 다시 color 속성값을 적용하면 어떻게 될까요?

예제 소스 Exercise/5장/1_inheritance/style01.css

```
header {
    color: red;
}
```

```css
h1 {
    color: blue;
}

p {
    color: blue;
}
```

그림 5-2 **index01.html 실행 결과**

# header h1

header p

style01.css 파일을 연동하는 index01.html 파일을 실행합니다.

결과를 보니 〈h1〉과 〈p〉 태그의 글자 색이 파란색으로 바뀌었습니다. 부모가 가진 유전자보다 자식에게 직접 적용한 유전자가 더 친숙하고 가깝기 때문입니다. 즉, 같은 CSS 속성을 사용해도 자식의 유전자가 부모의 유전자보다 우선순위가 높습니다. 따라서 글자 색이 〈h1〉과 〈p〉 태그에 직접 지정한 color 속성값인 파란색으로 바뀝니다.

**그림 5-3 같은 CSS 속성일 때는 자식의 우선순위가 더 높다**

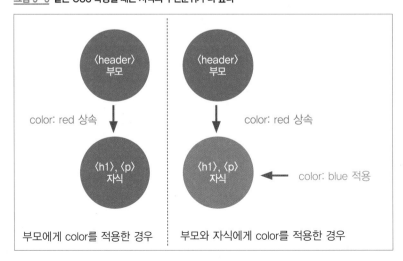

이번에는 index01.html 문서의 〈body〉 태그 안에 〈footer〉, 〈h1〉, 〈p〉 태그를 추가하고 다시 index02.html로 저장합니다.

예제 소스 Exercise/5장/1_inheritance/index02.html

```
<body>
    <header>
        <h1>header h1</h1>
        <p>header p</p>
    </header>

    <footer>
        <h1>footer h1</h1>
        <p>footer p</p>
    </footer>
</body>
```

예제 소스 Exercise/5장/1_inheritance/style02.css

```
header {
    color: red;
}

h1 {
    color: blue;
}

p {
    color: blue;
}
```

# header h1

header p

# footer h1

footer p

결과를 보면 이미 〈header〉 태그의 〈h1〉과 〈p〉 태그에 적용된 CSS 속성으로 인해 〈footer〉 태그 안에 있는 〈h1〉과 〈p〉 태그의 글자 색까지 모두 파란색으로 출력됩니다.

〈header〉 태그 안에 있는 〈h1〉과 〈p〉 태그에만 파란색을 적용하고 싶다면 어떻게 해야 할까요? 바로 〈h1〉과 〈p〉 태그가 누구 집 자식인지 표시하면 됩니다.

예제 소스 Exercise/5장/1_inheritance/style03.css

```css
header {
    color: red;
}

header h1 {
    color: blue;
}

header p {
    color: blue;
}
```

그림 5-5 index03.html 실행 결과

# header h1

header p

# footer h1

footer p

CSS 문서에서 h1과 p 앞에 header라는 부모를 추가하면, HTML 문서에서 〈header〉 태그 안에 있는 〈h1〉과 〈p〉 태그에만 글자 색이 파란색으로 적용됩니다. 〈footer〉 태그 안에 있는 〈h1〉과 〈p〉 태그에는 적용되지 않습니다.

그림 5-6 선택자를 작성할 때 header라는 부모를 함께 명시하면 〈header〉 태그 안에 있는 자식 태그에게만 CSS 속성이 적용된다

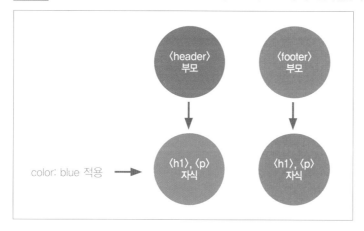

**2** ## CSS 속성의 우선순위, 캐스케이딩

캐스케이딩은 같은 영역에 같은 디자인을 적용했을 때 어느 디자인을 우선해서 적용하는지를 나타냅니다. 캐스케이딩은 다음 세 가지가 우선순위에 영향을 미칩니다.

- CSS 속성이 입력된 순서
- 선택자를 구체적으로 입력했는지 여부
- type · id · class 선택자

 부모에서 자식에게 스타일이 단계별로 적용된다는 의미를 담아 '계단식'을 뜻하는 캐스케이딩(cascading)이라는 단어가 붙었습니다.

### CSS 속성이 입력된 순서에 따른 우선순위

먼저 CSS 속성이 입력된 순서에 따라 우선순위가 어떻게 달라지는지 살펴보겠습니다. 다음과 같이 같은 선택자 안에 같은 속성을 적용했을 때는 마지막에 작성한 속성값이 우선으로 적용됩니다.

예제 소스 Exercise/5장/2_cascade/index01.html

```html
<!DOCTYPE html>
<html>
<head>……</head>
<body>
    <p>Hello World</p>
</body>
</html>
```

```
p {
    color: red;
}


/* 나중에 적용된 CSS 속성값의 우선순위가 높음 */
p {
    color: blue;
}
```

그림 5-7 **실행 결과**

Hello World

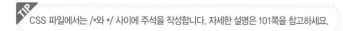
CSS 파일에서는 /*와 */ 사이에 주석을 작성합니다. 자세한 설명은 101쪽을 참고하세요.

여기서는 type 선택자로 〈p〉 태그를 선택한 다음 color 속성값으로 각각 red와 blue 속성값을 입력했습니다. 결과를 보면 마지막에 작성한 blue 속성값이 적용된 것을 알 수 있습니다.

## 선택자를 구체적으로 입력했는지 여부에 따른 우선순위

선택자를 구체적으로 작성할수록 CSS 속성의 우선순위가 높아집니다. 구체적인 예를 살펴보겠습니다.

예제 소스 Exercise/5장/2_cascade/index02.html

```
<body>
    <header>
        <h2>Nice to meet you</h2>
    </header>
</body>
```

예제 소스 Exercise/5장/2_cascade/style02.css

```
/* 선택자를 구체적으로 작성할수록 우선순위가 높음 */
header h2 {
    color: blue;
}

h2 {
    color: red;
}
```

그림 5-8 실행 결과

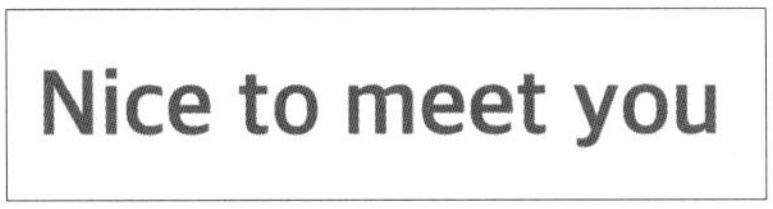
Nice to meet you

지금처럼 자식인 <h2> 태그가 부모인 <header> 태그 안에 포함되어 있다면, 선택자로 h2만 쓰는 것보다 header h2 형식으로 부모를 함께 써 주는 것이 우선순위가 높습니다. 따라서 글자는 빨간색이 아닌 파란색으로 출력됩니다.

### 선택자의 종류에 따른 우선순위

선택자가 type, id, class 중 무엇이냐에 따라 우선순위가 달라집니다. 구체적인 예를 살펴보겠습니다.

예제 소스 Exercise/5장/2_cascade/index03.html

```
<body>
    <h3 class="color">Welcome to CSS</h3>
</body>
```

```css
.color {
    color: red;
}

h3 {
    color: green;
}
```

그림 5-9 실행 결과

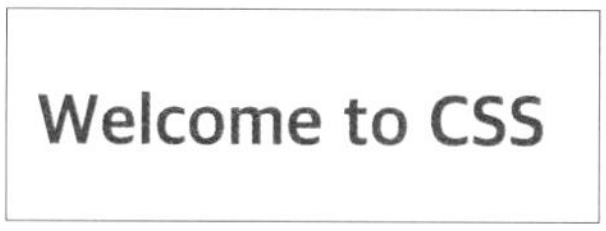

**Welcome to CSS**

여기서 .color는 class 선택자이고 h3는 type 선택자입니다. .color와 h3가 가리키는 영역은 같습니다. 이러한 상황에서는 순서에 상관없이 class 선택자(.color)가 type 선택자(h3)보다 우선순위가 높습니다. 따라서 글자는 빨간색으로 출력됩니다.

다음으로 id 선택자를 추가하겠습니다.

예제 소스 Exercise/5장/2_cascade/index03.html

```html
<body>
    <h3 id="color" class="color">Welcome to CSS</h3>
</body>
```

예제 소스 Exercise/5장/2_cascade/style03.css

```css
#color {
    color: blue;
}

.color {
    color: red;
}

h3 {
    color: green;
}
```

그림 5-10 실행 결과

**Welcome to CSS**

id 선택자는 class 선택자보다 우선순위가 높습니다. 따라서 글자가 파란색으로 바뀝니다.

### 인라인 방식 vs id 선택자

인라인 방식(HTML 태그에 직접 style 속성을 적용하는 방식)과 id 선택자의 우선순위도
비교해 보겠습니다.

예제 소스 Exercise/5장/2_cascade/index03.html

```html
<body>
    <h3 style="color: pink;" id="color" class="color">Welcome to CSS</h3>
</body>
```

그림 5-11 **실행 결과**

Welcome to CSS

글자가 분홍색으로 출력되었습니다. 이를 통해 인라인 방식으로 입력했을 때가 id 선택자를 지정했을 때보다 우선순위가 높다는 걸 알 수 있습니다.

지금까지 확인한 내용을 토대로 CSS 속성의 우선순위를 부등호로 표기하면 다음과 같습니다.

인라인 방식 〉 id 선택자 〉 class 선택자 〉 type 선택자

## 3 CSS 파일에 주석을 작성하는 방법

HTML과 마찬가지로 CSS 언어도 주석을 작성할 수 있습니다. 주석은 /*와 */ 사이에 입력하면 됩니다.

예제 소스 **CSS 파일에서 주석 작성하기**

```css
/* id 〉 class 〉 type */
#color {
    color: blue;
}

/* class 〉 type */
.color {
    color: red;
}

/* type */
```

```
h3 {
    color: green;
}
```

CSS 주석은 HTML 주석과 마찬가지로 주석 안에 주석을 넣을 수 없습니다(52쪽 참조).

**예제 소스** 주석 안에 주석을 넣을 수는 없다

```
/* id 〉 class 〉 type */
/*
        /* HTML 주석과 마찬가지로 주석 안에 주석을 넣을 수 없습니다 */
*/
#color {
    color: blue;
}


/* class 〉 type */
.color {
    color: red;
}


/* type */
h3 {
    color: green;
}
```

처음 CSS를 접했을 때를 떠올려보면 HTML보다 화려해서인지 공부하는 재미가 있었다. HTML은 눈에 보이는 결과물이 예쁘지도 않고 단조로워 몰입하기 쉽지 않았다. 고등학교 화학 시간에 배우는 원소 기호를 외우는 느낌과 비슷했다. 반면 CSS는 공간을 만들고 색상을 변경하는 등 작성한 디자인 결과물을 바로 확인할 수 있어 보는 재미가 쏠쏠했다. 그래서 더 집중해서 공부할 수 있었다. 입문자 입장에서는 눈에 보이는 결과물만큼 확실한 동기 부여도 없기 때문이다.

CSS는 HTML 태그보다 몇 배나 많은 속성을 갖고 있다. 다음은 CSS가 갖고 있는 다양한 속성을 정리한 레퍼런스 웹 사이트이다.

CSS 레퍼런스 URL https://www.w3schools.com/cssref/default.asp

I ITML 대그와 미친가지로 CSS 속성 역시 모두 외워야 히는 건 아니다. 웹 사이트를 제작할 때 쓰는 CSS 속성은 한정되어 있고 나머지 속성은 필요할 때 학습하면 된다. CSS 속성을 더 재미있게 학습하려면 크롬 개발자 도구를 적극 활용하기 바란다. 다음과 같이 웹 사이트에 접속한 다음 마우스 오른쪽 버튼을 누르고 '검사 항목'을 선택한다.

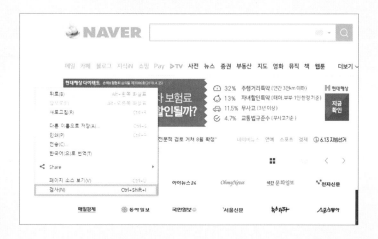

상단에 Elements 탭이 선택된 상태라면 인쪽에는 HTML 태그, 오른쪽에는 CSS 속성이 나열된 것을 볼 수 있다.

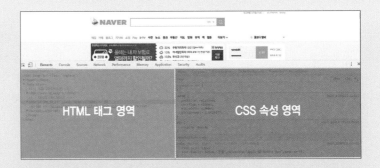

CSS 속성이 입력된 영역에서 기존 CSS 속성값을 변경하거나 새로운 CSS 속성을 추가하면 새로 작성한 CSS 속성이 웹 사이트에 실시간으로 반영된다. 물론 직접 입력한 코드는 저장되지 않기 때문에 브라우저를 새로 고침하면 다시 이전 상태로 돌아간다.

크롬 개발자 도구는 서브라임 텍스트처럼 자동 완성 기능을 제공하고, CSS 속성과 속성값을 실시간으로 브라우저에 반영하므로 CSS 언어의 주요 특징을 빠르게 파악할 수 있어 유용하다.

# CSS 주요 속성 익히기

*HTML5&CSS3 FOR EVERYONE*

지금까지 HTML 문서 안에 CSS를 적용하는 방법과 CSS 언어의 주요 특징까지 살펴보았습니다. 이번 시간에는 공간을 만들거나 글자 색을 변경하는 등 웹 사이트 디자인 작업을 할때 자주 사용하는 주요 CSS 속성에 대해 알아보겠습니다.

## 1 width와 height 속성

width와 height 속성은 공간을 만들 때 사용합니다. 두 속성은 웹 사이트를 작업할 때 각영역의 크기를 지정할 수 있습니다.

HTML 태그는 배경색의 기본값이 투명이라 공간이 제대로 만들어졌는지 확인하기가 어렵습니다. 확인하고 싶다면 background-color 속성을 사용하여 배경색을 설정해 봅니다. 직접 확인해 볼까요? 지금부터 나오는 HTML 코드는 〈body〉와 〈/body〉 태그 사이에 들어가는 태그입니다.

예제 소스 Exercise/6장/1_width_height/index.html

```
<div class="place"></div>
```

예제 소스 Exercise/6장/1_width_height/style.css

```
.place {
    width: 500px;
    height: 500px;
```

```
        background-color: yellow;
    }
```

그림 6-1 background-color 속성으로 확보한 공간을 확인

## 2 font- 속성

font- 속성은 글자 크기, 글꼴 종류, 글자 모양, 글자 굵기 등을 변경할 때 사용합니다.

예제 소스 Exercise/6장/2_font/index.html

```
<p class="font">Hello World</p>
```

예제 소스 Exercise/6장/2_font /style.css

```
.font {
    font-size: 50px;                          ❶
    font-family: Arial, Times, sans-serif;    ❷
    font-style: italic;                       ❸
    font-weight: bold;                        ❹
}
```

그림 6-2 font- 속성으로 글자 크기, 글꼴, 이탤릭, 굵기를 적용

**Hello World**

➊ font-size 속성은 글자 크기를 지정합니다. px(픽셀) 단위를 가장 많이 사용합니다.

➋ font-family 속성은 글꼴을 지정합니다. 브라우저마다 지원하는 글꼴이 다르므로 보통은 font-family 속성의 속성값으로 글꼴을 여러 개 입력합니다. 그러면 작성된 순서를 기준으로 우선순위가 적용됩니다. 앞의 코드는 Arial 글꼴을 지원하지 않으면 Times 글꼴을 적용하고, Times 글꼴도 지원하지 않으면 sans serif 글꼴을 적용하라는 의미입니다. sans serif 글꼴은 거의 모든 브라우저에서 지원하므로 font-family의 마지막 값으로 지정하는 것이 좋습니다.

➌ font-style 속성은 글자 모양을 지정합니다. 속성값에는 normal, italic, oblique 등이 있습니다.

표 6-1 font-style 속성의 속성값

| normal | 기본값으로 기본 글꼴을 적용합니다. |
|---|---|
| italic | 글꼴을 이탤릭 모양으로 바꿉니다. |
| oblique | 글꼴을 비스듬하게 바꿉니다. |

➍ font-weight 속성은 글자 굵기를 지정합니다. 속성값에는 normal, bold, bolder, lighter, 100~900 등이 있습니다.

표 6-2 font-weight 속성의 속성값

| normal | 기본값으로 보통 두께를 적용합니다. |
|---|---|
| bold | 글자를 굵게 지정합니다. |
| bolder | 글자를 bold보다 더 굵게 지정합니다. |
| lighter | normal보다 얇게 지정합니다. |
| 100, 200, 300, 400, 500, 600, 700, 800, 900 | 숫자가 클수록 글자가 굵어집니다. 400은 normal, 700은 bold와 같은 굵기입니다. |

**background- 속성**

background- 속성은 배경색을 지정하거나 이미지를 삽입하고 이미지의 위치를 변경할 때 사용합니다.

<u>예제 소스</u> Exercise/6장/3_background/index.html

```
<div class="background"></div>
```

<u>예제 소스</u> Exercise/6장/3_background/style.css

```
.background {
    width: 500px;
    height: 500px;
    background-color: yellow;          ❶
    background-image: url(rice.png);   ❷
    background-repeat: no-repeat;      ❸
    background-position: left;         ❹
}
```

<u>그림 6-3</u> background- 속성으로 이미지 삽입

❶ background-color 속성은 배경색을 지정합니다. 속성값은 yellow처럼 색상의 영어명을 입력해도 되지만, RGB 값이나 # 기호로 시작하는 HEX 값을 입력해도 됩니다.

❷ background-image 속성은 선택된 영역에 배경 이미지를 적용합니다. url()의 괄호 안에는 이미지 파일의 경로를 입력합니다.

❸ background-repeat 속성은 삽입된 배경 이미지에 반복 효과를 적용합니다. 속성값에 따라 x축이나 y축으로만 반복 효과를 적용할 수도 있습니다. 보통 표 6-3과 같은 네 가지 속성값을 사용합니다.

표 6-3 background-repeat 속성의 속성값(background-position을 주석 처리 후 확인)

| 속성값 | 역할 | 결과 |
|--------|------|------|
| repeat | x축과 y축으로 모두 반복 효과를 적용합니다. | |
| repeat-x | x축으로 반복 효과를 적용합니다. | |

| | | |
|---|---|---|
| repeat-y | y축으로 반복 효과를 적용합니다. | |
| no-repeat | 반복 효과를 적용하지 않고 이미지를 하나만 적용합니다. | |

background-image 속성을 사용하면 background-repeat 속성을 입력하지 않아도 기본값으로 repeat 속성값이 적용됩니다. 따라서 x축과 y축으로 모두 반복 효과가 적용됩니다.

❹ background-position 속성은 이미지의 좌푯값을 지정합니다. 속성값에는 영어 표현인 top, left, bottom, right, center를 넣을 수도 있고 구체적인 좌푯값을 넣을 수도 있습니다. 좌푯값은 띄어쓰기를 기준으로 첫 번째 숫자가 x축이고 두 번째 숫자가 y축입니다.

예를 들어 다음 코드는 현재 노란색 박스를 기준으로 x축으로 40px, y축으로 100px만큼 background-image를 이동시킨다는 뜻입니다.

```
background-position: 40px 100px;
```

그림 6-4 x축으로 40픽셀, y축으로 100픽셀만큼 background-image를 이동

앞서 설명한 background-로 시작하는 네 가지 속성을 다음과 같이 한 줄로 정리해서 사용할 수도 있습니다.

```
background: yellow url(rice.png) no-repeat left;
```

코드를 한 줄로 줄이면 CSS 문서 용량이 그만큼 줄어들므로 브라우저가 해당 파일을 불러오는 시간이 단축됩니다. 결과적으로 웹 사이트 로딩 속도가 빨라지겠죠?

키즈가오 웹 사이트는 기존 웹 사이트와 달리 굉장히 많은 이미지를 사용한다. 제작할 때는 이 모든 이미지를 background-image 속성을 사용해서 적용했다. 그러다 문득 의문이 생겼다.

> 지금까지 공부한 내용에 따르면 이미지를 삽입하려면 〈img〉 태그 또는 background-image 속성을 사용해야 한다. 그런데 이 둘은 무슨 차이가 있지? 어떨 때 〈img〉 태그를 사용하고 어떨 때 background-image 속성을 사용하는 것이 좋을까?

국내외 웹 사이트의 코드를 살펴봤더니 〈img〉 태그와 background-image 속성의 차이점을 두 가지로 정리할 수 있었다.

첫째, 이미지의 성격, 즉 정보성 이미지인지 장식용 이미지인지에 따라 구분할 수 있었다. 정보성 이미지란 기업 로고나 기업 슬로건처럼 목적이 뚜렷한 이미지를 뜻한다. 장식용 이미지는 웹 사이트를 돋보이게 하는 배경 이미지나 아이콘 등을 말한다. 시각장애인이 사용하는 스크린 리더 프로그램은 기본적으로 HTML 문서만 읽을 수 있다. 따라서 background-image 속성으로 기업 로고를 삽입할 경우 해당 정보를 시각장애인에게 전달할 수 있는 방법이 없다. 그래서 정보성 이미지에는 〈img〉 태그를 사용하고 장식용 이미지에는 background-image 속성을 사용하는 것이 원칙이다.

둘째, 이미지가 업로드되는 방식에 따라 구분할 수 있다. 〈img〉 태그는 기본값으로 원본 이미지 크기가 그대로 적용되므로 width와 height 속성을 변경해도 이미지가 잘리는 현상이 나타나지 않는다. 반면 background-image 속성은 적용된 공간에 이미지를 끼워 넣는 개념이다 보니 공간보다 이미지 크기가 크면 이미지가 잘리는 현상이 나타난다.

```css
/* 현재 50 * 50 공간의 크기보다 이미지 크기가 더 큰 상태이다. */
.background {
    width: 50px;
    height: 50px;
    background-color: yellow;
    background-image: url(rice.png);
    background-repeat: no-repeat;
}
```

**그림** 공간보다 이미지가 클 때

정리하면 background-image 속성은 액자 안에 사진을 넣는 개념으로 이해하는 것이 좋다. 액자보다 사진이 크면 액자 크기를 벗어난 부분은 잘릴 수밖에 없다. 반대로 액자보다 사진이 작으면 액자 안에 빈 공간이 생긴다.

**그림** 액자보다 이미지가 클 때(좌) / 액자보다 이미지가 작을 때(우)

셋째마당

# 웹 사이트 제작
# 한 걸음 더

# 레이아웃에 영향을 미치는 요소 ①

공간을 잘 정리하고 글자를 예쁘게 꾸며도 해당 항목을 원하는 위치에 배치할 수 없다면 아무 소용이 없습니다. 지금부터 총 세 개 장에 걸쳐 웹 사이트 레이아웃에 영향을 미치는 CSS 주요 요소를 알아보겠습니다. 지금부터 배울 내용은 책에서 가장 중요한 부분이기도 하고 난이도도 높은 편이니 집중해서 살펴봐 주세요.

먼저 웹 사이트 레이아웃을 구성하는 '박스 모델'과 배치 작업을 할 때 자주 마주치는 '마진 병합 현상'에 대해 알아보겠습니다.

## 1 박스 모델

HTML 태그는 우리 눈에는 보이지 않지만 다음과 같이 여러 개의 박스가 겹쳐 있습니다. 이를 박스 모델(box-model)이라고 합니다. 박스 모델에는 박스의 크기와 박스 간격을 정의하는 네 가지 요소(margin, border, padding, content)가 있습니다.

그림 7-1 박스 모델

```
마진(margin)
    테두리(border)
        패딩(padding)
            콘텐츠(content)
```

예제 소스 Exercise/7장/1_box_model/index.html

```html
<div id="box_model">
    <span>Hello World</span>
</div>
```

예제 소스 Exercise/7장/1_box_model/style.css

```css
#box_model {
    width: 300px;
    height: 300px;
    background-color: yellow;
    border: solid 20px red;
    margin-left: 50px;
    padding-left: 50px;
}
```

그림 7-2 박스 모델은 margin, border, padding, content 속성으로 구성된다

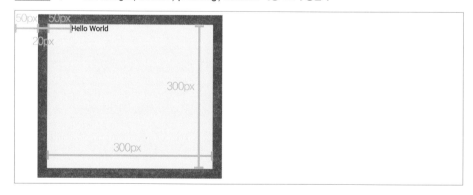

노란색 박스 위를 마우스 오른쪽 버튼으로 누르고 **검사**를 선택하면 하단에 새로운 화면이 나
타납니다.

그림 7-3 마우스 오른쪽 버튼 클릭 후 '검사' 선택

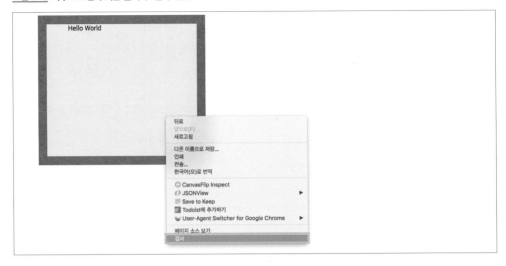

그림 7-4의 왼쪽 영역에서 HTML 태그를 클릭하면 해당 태그에 해당하는 CSS 속성이 오른쪽 영역에 나타납니다. 즉, 왼쪽에는 HTML 태그, 오른쪽에는 CSS 속성이 나타납니다.

그림 7-4 HTML 태그 선택 후 CSS 속성 확인

CSS 영역에서 스크롤을 내리면 여러 개의 박스가 중첩된 그림이 등장합니다. 이를 박스 모델이라고 합니다. 박스 모델에 표시된 margin, border, padding, 숫자 영역에 마우스 포인터를 올리면 브라우저에서 해당 영역을 각각 확인할 수 있습니다.

그림 7–5처럼 margin 영역에 마우스 포인터를 올리면 브라우저 화면에서 margin 영역을 옅은 주황색으로 표시해 줍니다. 빨간색 테두리를 기준으로 바깥쪽 영역이 margin 영역입니다.

그림 7–5 **마우스 포인터를 margin에 올리기**

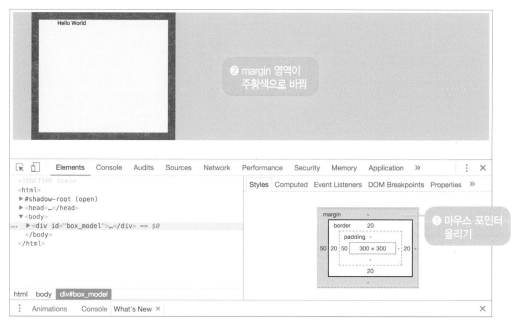

이번에는 border 영역에 마우스 포인터를 올려 봅니다. 마찬가지로 옅은 주황색으로 해당 영역이 표시됩니다.

그림 7-6 마우스 포인터를 border에 올리기

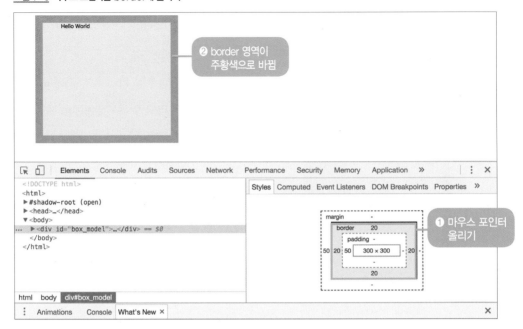

padding 영역에도 마우스 포인터를 올려 봅니다. 빨간색 테두리와 Hello World 사이에 옅은 녹색으로 나타나는 부분이 padding 영역입니다.

그림 7-7 마우스 포인터를 padding에 올리기

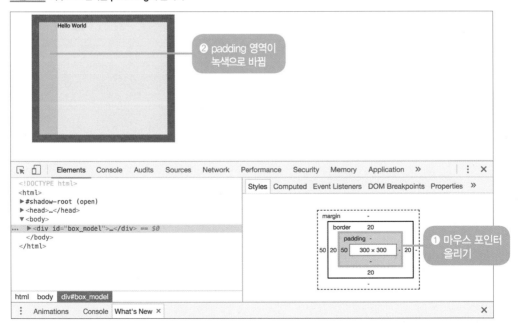

마지막으로 숫자 영역에 마우스 포인터를 올려 봅니다. 브라우저 화면에서 Hello World 영역을 옅은 녹색으로 표시합니다. 이 숫자는 width와 height 속성값으로 .box_model의 공간 크기를 뜻합니다.

그림 7-8 마우스 포인터를 숫자에 올리기

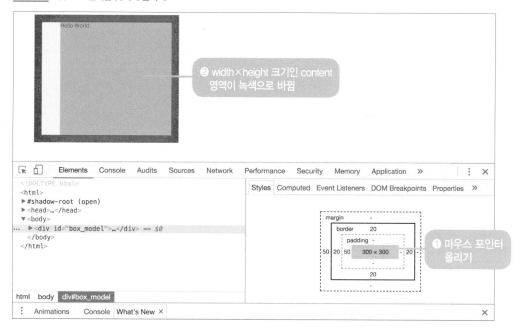

## 2 박스 모델의 4가지 요소

박스 모델에는 박스의 크기와 간격을 정의하는 요소로 margin, border, padding, content 속성이 있습니다.

### margin 속성

margin 속성은 border 속성을 기준으로 바깥쪽 영역을 의미합니다. 배치 작업에서 좌표를 설정할 때 사용합니다. margin 속성의 종류에는 margin-top(상단 여백), margin-right(오른쪽 여백), margin-bottom(하단 여백), margin-left(왼쪽 여백)가 있습니다.

```
#box_model {
    width: 300px;
    height: 300px;
    background-color: yellow;

    border: solid 20px red;

    margin-left: 50px;
    padding-left: 50px;
}
```

background 속성과 마찬가지로 margin 속성도 한 줄로 정리할 수 있습니다.

```
/* 12시를 기준으로 시계 방향으로 top, right, bottom, left 속성을 의미 */
margin: 40px 30px 20px 10px;
```

좌표의 순서는 12시를 기준으로 시계 방향으로 top, right, bottom, left 순서로 좌표가
설정됩니다.

<u>그림 7-9</u> **한 줄로 정리할 때는 좌표를 시계 방향 순서로 작성한다**

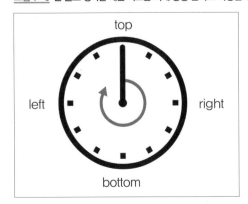

## border 속성

border 속성은 공간의 테두리를 생성합니다. solid 속성값은 테두리 종류 중 하나인 실선을 뜻합니다. 속성값을 solid 대신 dotted로 변경하면 실선이 점선으로 바뀝니다. 20px 속성값은 선의 굵기, red 속성값은 선의 색상을 뜻합니다. 참고로 border 속성의 속성값은 어떤 순서로 입력해도 상관없습니다.

```
#box_model {
    width: 300px;
    height: 300px;
    background-color: yellow;

    border: solid 20px red;

    margin-left: 50px;
    padding-left: 50px;
}
```

## padding 속성

padding 속성은 border 속성을 기준으로 border 속성과 content 속성의 간격을 뜻합니다. margin 속성과 마찬가지로 좌표를 설정할 때 사용합니다. padding 속성의 종류에는 padding-top, padding-right, padding-bottom, padding-left가 있습니다.

```
#box_model {
    width: 300px;
    height: 300px;
    background-color: yellow;

    border: solid 20px red;
```

```
        margin-left: 50px;
        padding-left: 50px;
    }
```

padding 속성 역시 12시를 기준으로 시계 방향으로 한 줄로 나타낼 수 있습니다.

```
/* 12시를 기준으로 시계 방향으로 top, right, bottom, left 속성을 의미 */

padding: 40px 30px 20px 10px;
```

## content 요소

content 요소는 태그에 포함되어 있는 내용물을 뜻합니다.

여기서 <div> 태그의 content는 <span>Hello World</span>이고, <span> 태그의 content는 Hello World입니다. 즉, content는 태그 또는 태그 안에 포함되어 있는 내용물을 뜻합니다.

```
<div id="box_model">
    <span>Hello World</span>
</div>
```

지금까지 학습한 박스 모델의 네 가지 요소를 사용하면 웹 사이트의 레이아웃 구조 및 좌표를 쉽게 파악할 수 있습니다. 네이버나 기업 홈페이지 등 기존 웹 사이트는 어떤 방식으로 제작되어 있는지 박스 모델로 구조를 파악해 보기 바랍니다.

그림 7-10 레이아웃 작업에 익숙해지려면 개발자 도구를 적극 활용하자

잠깐만요

## 〈html〉과 〈body〉 태그의 초기화 작업

다음 코드에 대한 결과를 살펴보면 브라우저와 노란색 박스 상단과 왼쪽에 미세한 공백이 보입니다. 〈html〉 과 〈body〉 태그는 기본적으로 margin 속성과 padding 속성을 갖고 있기 때문에 지금처럼 미세한 공백이 생깁니다.

```html
<div>
    <span>Hello World</span>
</div>
```

```css
div {
  width: 300px;
  height: 300px;
  background-color: yellow;
}
```

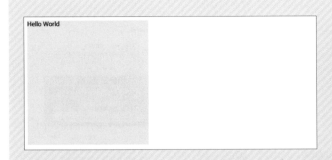

이 공백을 없애려면 〈html〉과 〈body〉 태그의 margin과 padding 속성값을 0으로 설정해야 합니다. CSS 언어에서 0은 단위를 생략해서 입력할 수 있습니다.

```css
/* 쉼표(,)는 and의 의미를 담고 있으며, 〈html〉과 〈body〉 태그에 margin: 0 속성과 padding: 0 속성을 적용하겠다는 뜻입니다. */
html, body {
    margin: 0;
    padding: 0;
}

div {
    width: 300px;
    height: 300px;
    background-color: yellow;
}
```

## 3 마진 병합 현상

웹 사이트 레이아웃 작업을 진행하다 보면 margin-top과 margin-bottom 속성이 제대로 적용되지 않을 때가 있습니다. 이러한 현상은 대부분 마진 병합(collapsing margins) 때문에 발생합니다.

마진 병합이란 인접한 공간에 margin-bottom과 margin-top 속성을 적용할 경우에 두 속성 중 큰 속성값이 작은 속성값을 병합하는 현상을 말합니다. 자주 마주치는 마진 병합 현상에는 형제간에 발생하는 마진 병합 현상, 부모 자식 간에 발생하는 마진 병합 현상이 있습니다.

마진 병합은 상하에서만 일어나는 현상으로 margin-left와 margin-right에서는 발생하지 않습니다. 따라서 Block 요소의 성격을 갖고 있는 태그에서만 발생합니다.

### 형제간에 발생하는 마진 병합 현상

형제간에 발생하는 마진 병합 현상은 형제 HTML 태그에 margin-bottom과 margin-top 속성을 적용했을 경우 공백이 큰 속성값을 기준으로 설정되는 것을 말합니다.

다음과 같이 #first 안에 margin-bottom: 100px;을 적용하면 노란색 박스를 기준으로 아래쪽에 100px만큼 공백이 생깁니다.

예제 소스 Exercise/7장/3_collapsing_margin/index.html

```
<div id="first"></div>
<div id="second"></div>
```

예제 소스 Exercise/7장/3_collapsing_margin/style.css

```
#first {
    width: 100%;
    height: 200px;
    background-color: yellow;
    margin-bottom: 100px;
}
```

```
#second {
    width: 100%;
    height: 200px;
    background-color: blue;
}
```

그림 7-11 노란색 박스 아래에 공백이 100픽셀 생김

100px

#second 안에 margin-top: 50px;을 적용하면 공백 크기가 얼마로 바뀔까요? 100px +
50px = 150px이므로 공백 크기가 150px로 바뀔거라 여깁니다. 하지만 공백 크기는 변함없
이 100px입니다. 왜 그런 걸까요?

```
#first {
    width: 100%;
    height: 200px;
    background-color: yellow;
    margin-bottom: 100px;
}

#second {
    width: 100%;
    height: 200px;
```

```
    background-color: blue;
    margin-top: 50px;
}
```

그림 7-12 margin-top: 50px;을 적용해도 공백의 크기는 변하지 않는다.

자, 앞서 배운 박스 모델로 #first와 #second의 margin 영역을 살펴보면 겹치는 것을 확인할 수 있습니다.

그림 7-13 14 HTML 문서에서 #first 선택

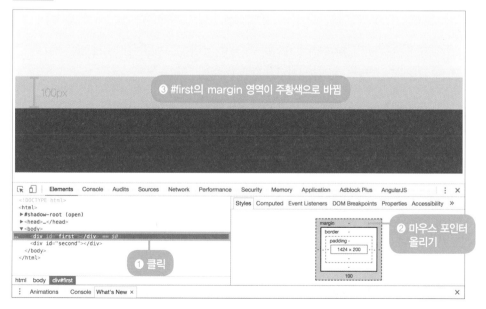

그림 7-14 HTML 문서에서 #second 선택

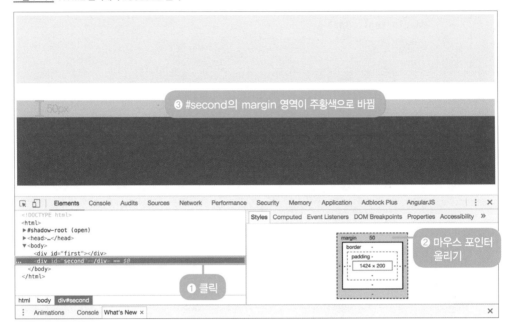

#first와 #second처럼 형제간에 margin-bottom과 margin-top 속성을 적용하면 큰 값이 작은 값을 병합하는 현상이 일어납니다.

다시 예제 코드로 돌아가면 margin-bottom이 100px이고 margin-top이 50px입니다. 즉, 100px이 50px보다 크기 때문에 둘 사이 공백은 100px이 됩니다. 이것이 형제간에 발생하는 마진 병합 현상입니다. margin-bottom과 margin-top 안에 각각 속성값을 100px로 적용하면 어떻게 될까요? 둘의 간격은 100px이 됩니다.

## 부모 자식 간에 발생하는 마진 병합 현상

부모 자식 간에 발생하는 마진 병합 현상은 자식의 margin-top 속성이 부모에게 영향을 미치는 것을 말합니다.

다음 CSS 코드에서 #child 안에 margin-top: 100px;을 적용하면 자식인 #child 영역의 위쪽에만 여백이 100px만큼 생겨야 합니다. 즉, 전체 이미지에서 파란색 박스만 아래로 100px 움직여야 합니다. 하지만 결과 화면을 보면 부모인 #parent의 노란색 박스까지 함께 내려갑니다.

```
<div id="parent">
    <div id="child"></div>
</div>
```

예제 소스 Exercise/7장/3_collapsing_margin/style.css

```
#parent {
    width: 100%;
    height: 500px;
    background-color: yellow;
}

#child {
    width: 300px;
    height: 300px;
    background-color: blue;
    margin-top: 100px;
}
```

그림 7-15 파란색 박스는 물론 노란색 박스까지 함께 내려간다

이렇듯 자식의 `margin-top` 속성이 부모에게 영향을 미치는 것을 '부모 자식 간에 발생하는 마진 병합 현상'이라고 말합니다. 레이아웃 작업을 할 때 자주 마주치는 현상입니다. 부모 자식 간에 발생하는 마진 병합 현상을 해결하려면 Day 08에서 다룰 `position` 속성을 알아야 합니다. 아직은 `position` 속성을 배우기 전이므로 지금은 가볍게 살펴보기 바랍니다.

다음과 같이 #child 안에 `position: absolute;`을 추가하면 부모 자식 간에 발생하는 마진 병합 현상이 사라지고 파란색 박스만 아래로 움직입니다.

```
#child {
    position: absolute;
    width: 300px;
    height: 300px;
    background-color: blue;
    margin-top: 100px;
}
```

그림 7-16 파란색 박스만 아래로 움직인다

이렇듯 레이아웃 작업을 할 때 해당 항목을 원하는 위치에 정확히 배치하려면 `position` 속성을 제대로 이해해야 합니다. 이어지는 Day 08에서 살펴보겠습니다.

D A Y
## 08

# 레이아웃에
# 영향을 미치는 요소 ②

*HTML5&CSS3 FOR EVERYONE*

이번 시간에는 HTML 태그의 혈액형을 교체할 때 사용하는 display 속성과 HTML 태그의 차원에 영향을 미치는 position 속성을 살펴보겠습니다.

## 1    display 속성으로 HTML 태그의 혈액형 바꾸기

display 속성은 HTML 태그가 가진 두 가지 혈액형인 Block 요소와 Inline 요소를 변경할 때 사용합니다. 속성값에는 바꾸고자 하는 혈액형을 넣어 주면 됩니다.

Day 03에서 Block 요소와 Inline 요소에는 다음 세 가지 특징이 있다고 했습니다.

- 줄 바꿈 현상 유무
- width와 height 속성 적용 유무
- margin-top, margin-bottom, padding-top, padding-bottom 속성 적용 유무

그럼 먼저 Inline 요소의 혈액형을 가진 〈span〉 태그의 특징을 살펴볼까요? 〈span〉 태그는 Inline 요소의 특징을 가지므로 줄 바꿈 현상이 나타나지 않습니다. 또한 width, height, margin-top, margin-bottom 속성이 적용되지 않습니다.

<u>예제 소스</u> Exercise/8장/1_display/index01.html

```
<span>Inline -> Block</span>
<span>Inline -> Block</span>
```

```css
span {
    /* width, height, margin-bottom 속성이 적용되지 않는다. */
    width: 300px;
    height: 300px;
    background-color: yellow;
    margin-bottom: 100px;
}
```

그림 8-1 〈span〉 태그는 Inline 요소의 혈액형을 가진다

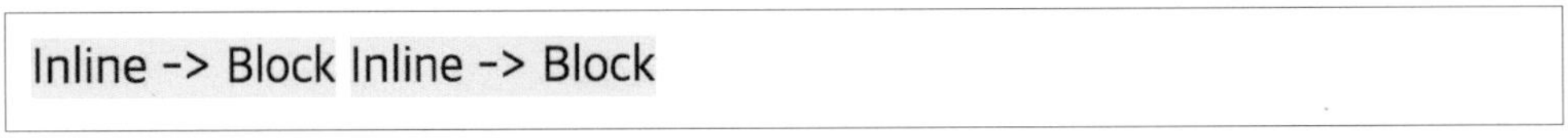

Inline -> Block Inline -> Block

이제 display 속성을 사용하여 〈span〉 태그의 혈액형을 Block 요소로 바꿔 보겠습니다. 〈span〉 태그 안에 display: block;을 추가합니다.

```css
span {
    display: block;
    width: 300px;
    height: 300px;
    background-color: yellow;
    margin-bottom: 100px;
}
```

그림 8-2 〈span〉 태그의 혈액형이 Block 요소로 바뀐다

Inline -> Block

Inline -> Block

display: block;을 추가하면 〈span〉 태그의 혈액형이 Inline 요소에서 Block 요소로 바
뀝니다. 그림 8-2의 결과를 보면 먼저 줄 바꿈 현상이 나타나고 width, height, margin-
bottom 속성이 적용된 것을 확인할 수 있습니다.

이번에는 Block 요소의 혈액형을 가진 〈h1〉 태그의 특징을 알아보겠습니다. 〈h1〉 태그는
Block 요소의 특징이 있습니다. 따라서 줄 바꿈 현상이 일어나고 width, height, margin-
bottom 속성이 적용됩니다.

예제 소스 Exercise/8장/1_display/index02.html

```
<h1>Block Elements -> Inline Elements</h1>
<h1>Block Elements -> Inline Elements</h1>
```

예제 소스 Exercise/8장/1_display/style02.css

```
h1 {
    /* width, height, margin-bottom 속성이 적용된다. */
    width: 300px;
```

```
        height: 300px;
        background-color: yellow;
        margin-bottom: 100px;
    }
```

그림 8-3 〈h1〉 태그는 Block 요소의 혈액형을 가진다

```
Block Elements ->
Inline Elements




Block Elements ->
Inline Elements
```

그럼 〈span〉 태그와 마찬가지로 display 속성을 사용하여 〈h1〉 태그의 혈액형을 Inline 요소로 변경해 볼까요?

```
h1 {
    display: inline;
    width: 300px;
    height: 300px;
    background-color: yellow;
    margin-bottom: 100px;
}
```

그림 8-4 〈h1〉 태그의 혈액형이 Inline 요소로 바뀜

Block Elements -> Inline Elements Block Elements -> Inline Elements

그림 8-4의 결과를 보면 줄 바꿈 현상이 일어나지 않고 width, height, margin-bottom 속성도 적용되지 않은 것을 알 수 있습니다.

Inline 요소와 Block 요소가 섞여 있는 상태, 즉 줄 바꿈 현상은 일어나지 않지만 width, height, margin-bottom 속성은 적용되도록 하려면 어떻게 해야 할까요?

다음과 같이 둘을 결합한 display: inline-block;을 입력하면 됩니다.

예제 소스 Exercise/8장/1_display/index03.html

```
<h2>Inline + Block</h2>
<h2>Inline + Block</h2>
```

예제 소스 Exercise/8장/1_display/style03.css

```
h2 {
    display: inline-block;
    width: 300px;
    height: 300px;
    background-color: yellow;
    margin-bottom: 100px;
}
```

그림 8-5 Inline 요소와 Block 요소가 섞인 상태

| Inline + Block | Inline + Block |
| --- | --- |
| | |

결과를 보면 줄 바꿈 현상이 일어나지 않는 Inline 요소의 특징과 width와 height 속성이 적용되는 Block 요소의 특징을 모두 갖고 있습니다. 앞의 코드에서는 확인하기 쉽지 않지만 margin-top, margin-bottom, padding-top, padding-bottom 속성도 적용할 수 있습니다.

## 2 position 속성으로 HTML 태그에 차원 부여하기

차원이란 기하학적 도형에서 한 점의 위치를 나타내는 데 필요한 수의 개수를 의미합니다. 보통 1차원은 선의 세계, 2차원은 평면의 세계, 3차원은 공간의 세계라고 말합니다.

우리가 보는 웹 사이트는 평면 세계로 보이지만 실제로는 2차원과 3차원이 혼합된 상태입니다. 포토샵에서 말하는 레이어(layer) 개념이 웹 사이트 제작에도 똑같이 적용됩니다.

position 속성은 선택된 태그의 상태를 2차원 또는 3차원으로 지정합니다. 여기에 맞춰 레이어가 생기고 좌표 기준점이 달라집니다. position 속성의 속성값에는 static, fixed, relative, absolute가 있습니다. 각 속성값의 특징은 다음 세 가지 조건으로 확인할 수 있습니다.

- 부모 자식 간에 발생하는 마진 병합 현상 유무
- top, right, bottom, left 속성 적용 유무
- 부모가 높이를 갖고 있지 않을 때 자식의 높이가 부모의 높이에 영향을 주는지 유무

2차원 특징을 갖는 position 속성값은 부모 자식 간에 발생하는 마진 병합 현상이 일어나고, top · right · bottom · left 속성을 사용할 수 없으며, 자식의 높이가 부모의 높이에

영향을 미칩니다. 반면 3차원 특징을 갖는 position 속성값은 부모 자식 간에 발생하는 마진 병합 현상이 일어나지 않으며, top · right · bottom · left 속성을 사용할 수 있으며, 자식의 높이가 부모의 높이에 영향을 줄 수 없습니다.

그럼 각 position 속성값에는 어떤 특징이 있는지 차근차근 알아보겠습니다.

## 2차원 세계, static 속성값

static 속성값은 ❶ 부모 자식 간에 발생하는 마진 병합 현상이 일어나며, ❷ top · right · bottom · left 속성이 적용되지 않고, ❸ 부모가 높이를 갖고 있지 않을 경우에 자식의 높이가 부모에게 영향을 줍니다.

static 속성값이 적용된 #position_static_child 안에 margin-top 속성을 적용하면 부모 자식 간에 발생하는 마진 병합 현상이 일어납니다.

예제 소스 Exercise/8장/2_position/1_static.html

```
<div id="position_static_parent">
    <div id="position_static_child"></div>
</div>
```

예제 소스 Exercise/8장/2_position/1_static.css

```
#position_static_parent {
    width: 500px;
    height: 500px;
    background-color: yellow;
}

#position_static_child {
    position: static;
    width: 200px;
    height: 200px;
    background-color: blue;
```

```
        /* static 속성값과 margin-top 속성을 함께 사용하면 마진 병합 현상이 일어납니다. */
        margin-top: 100px;
    }
```

그림 8-6 static 속성값과 margin-top 속성을 함께 사용하면 부모 자식 간에 마진 병합 현상이 일어난다

margin과 padding 속성 외에 좌표를 지정하는 속성에는 top, right, bottom, left 속성이 있습니다. margin-top 속성 대신 top 속성을 적용하면 어떠한 변화도 일어나지 않습니다.

```
#position_static_child {
    position: static;
    width: 200px;
    height: 200px;
    background-color: blue;
    /* margin-top: 100px; */
    /* static 속성값과 top 속성은 함께 사용할 수 없습니다. */
    top: 100px;
}
```

그림 8-7 margin-top 속성 대신 top 속성을 적용: 변화 없음

결과는 그림 8-7과 같습니다. 이를 통해 static 속성값은 top, right, bottom, left 속성과 함께 사용할 수 없다는 것을 알 수 있습니다.

마지막으로 부모의 높이를 주석으로 처리하고 결과를 살펴봅시다.

```
#position_static_parent {
    width: 500px;
    /* static 속성값은 부모의 높이에 영향을 줄 수 있습니다. */
    /* height: 500px; */
    background-color: yellow;
}


#position_static_child {
    position: static;
    width: 200px;
    height: 200px;
    background-color: blue;
    /* margin-top: 100px; */
    /* top: 100px; */
}
```

그림 8-8 static 속성값은 부모의 높이에 영향을 준다

부모는 높이를 갖고 있지 않은 상태지만(주석 처리) 여전히 노란색 박스가 나타납니다. 이때 노란색 박스의 크기는 파란색 박스와 동일한 크기인 200px입니다. 이처럼 부모는 높이가 없고, 자식은 static 속성값과 높이를 갖고 있다면 자식의 높이가 부모에게 영향을 미칩니다. 즉, 현재 부모는 높이가 없는 0인 상태지만 자식의 높이만큼 부모의 공간이 벌어져 0에서 200px로 바뀐 것입니다.

이러한 특징을 가진 position 속성값을 '2차원 특징을 갖고 있다'라고 말합니다. 참고로 모든 HTML 태그는 기본적으로 position: static 상태입니다. 따라서 position: static; 을 삭제해도 결과는 동일하게 출력됩니다.

### 3차원 세계, fixed 속성값

fixed 속성값은 ❶ 부모 자식 간에 발생하는 마진 병합 현상이 일어나지 않으며, ❷ top · right · bottom · left 속성이 적용되며, ❸ 부모가 높이를 갖고 있지 않지 않더라도 자식의 높이가 부모에게 영향을 주지 않습니다.

예제 소스 Exercise/8장/2_position/2_fixed.html

```
<div id="box1"></div>
<div id="position_fixed_parent">
    <div id="position_fixed_child"></div>
</div>
<div id="box2"></div>
```

예제 소스 Exercise/8장/2_position/2_fixed.css

```
#box1 {
    width: 500px;
    height: 200px;
    background-color: gray;
}

#position_fixed_parent {
    width: 500px;
    height: 500px;
    background-color: yellow;
}

#position_fixed_child {
    /* fixed 속성값은 선택된 태그를 화면에 고정시킵니다. */
    position: fixed;
    width: 200px;
    height: 200px;
    background-color: blue;
}

#box2 {
    width: 500px;
    height: 2000px;
    background-color: pink;
}
```

그림 8-9 fixed 속성값 때문에 선택된 파란 박스는 화면에 고정된다

fixed 속성값은 선택된 태그를 화면에 고정시킵니다. 그림 8-9의 실행 화면에서 마우스 포인터를 위아래로 스크롤하면 파란색 박스가 화면에 고정된 상태로 움직입니다. 쇼핑몰이나 뉴스 기사에서 화면을 따라다니는 작은 배너 광고가 fixed 속성값이 사용된 예입니다.

그림 8-10 끈질기게 따라다니는 작은 배너 광고

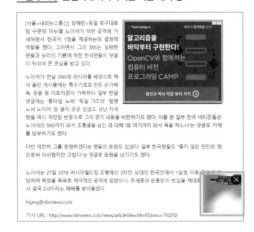

#position_fixed_child 안에 margin-top 속성을 사용하면 부모 자식 간에 발생하는 마진 병합 현상은 일어나지 않고 파란색 박스만 움직입니다.

```
#position_fixed_child {
    position: fixed;
    width: 200px;
    height: 200px;
    background-color: blue;
    /* 마진 병합 현상이 일어나지 않습니다. */
    margin-top: 100px;
}
```

그림 8-11 margin-top 속성을 사용하면 마진 병합 현상이 일어나지 않는다

margin-top 속성 대신 top 속성을 적용하면 파란색 박스 위에 100px만큼 공백이 생겨 파란색 박스가 움직입니다. 즉, fixed 속성값은 top, right, bottom, left 속성과 함께 사용될 수 있습니다.

```
#position_fixed_child {
    position: fixed;
    width: 200px;
```

```
        height: 200px;
        background-color: blue;
        /* margin-top: 100px; */
        /* top 속성이 적용됩니다. */
        top: 100px;
    }
```

그림 8-12 fixed 속성값은 top 속성과 함께 사용할 수 있다

여기서 한 가지 주의해서 살펴볼 부분이 있습니다. margin-top과 top은 속성은 다르지만 속성값으로 똑같이 100px을 적용했는데 왜 파란색 박스의 위치가 다른 걸까요?

fixed 속성값이 적용된 영역 안에 margin-top 속성을 적용하면 최초 파란색 박스가 생성된 지점을 기준으로 좌표가 설정됩니다. 하지만 top 속성을 적용하면 항상 브라우저 왼쪽 상단을 기준으로 좌표 기준점이 바뀝니다. 따라서 top 속성이 적용된 현재 상태에서는 브라우저를 기준으로 100픽셀만큼 내려오는 것입니다.

**그림 8-13** 최초 파란색 박스가 생성된 위치를 기준으로 margin-top: 100px만큼 이동한다

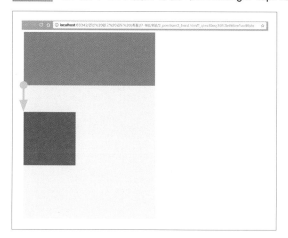

**그림 8-14** 브라우저를 기준으로 top: 100px만큼 이동한다

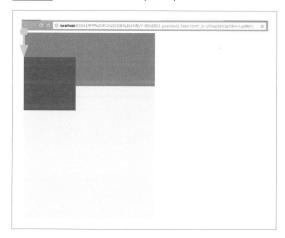

마지막으로 부모의 높이를 주석으로 처리하고 결과를 보겠습니다.

```
#position_fixed_parent {
    width: 500px;
    /* fixed 속성값은 부모의 높이에 영향을 줄 수 없습니다. */
    /* height: 500px; */
    background-color: yellow;
}
```

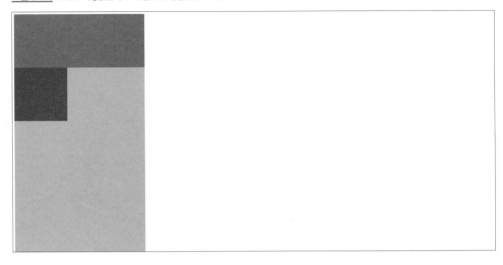
그림 8-15 fixed 속성값은 부모의 높이에 영향을 줄 수 없다

노란색 박스가 사라집니다. 즉, fixed 속성값을 갖고 있는 자식은 부모의 높이에 영향을 주지 못합니다.

이러한 특징을 지닌 position 속성값을 3차원 특징을 갖고 있다고 말합니다.

## 2차원과 3차원의 세계, relative 속성값

relative 속성값은 2차원과 3차원의 특징을 모두 갖습니다. ❶ 부모 자식 간에 발생하는 마진 병합 현상이 일어나고, ❷ top · right · bottom · left 속성이 적용되며, ❸ 부모가 높이를 갖고 있지 않으면 자식의 높이가 부모에게 영향을 줍니다.

#position_relative_child 안에 margin-top 속성을 사용하면 static 속성값과 마찬가지로 부모 자식 간에 발생하는 마진 병합 현상이 일어납니다.

예제 소스 Exercise/8장/2_position/3_relative.html

```
<div id="box1"></div>
<div id="position_relative_parent">
    <div id="position_relative_child"></div>
</div>
```

```css
#box1 {
    width: 500px;
    height: 200px;
    background-color: gray;
}

#position_relative_parent {
    width: 500px;
    height: 500px;
    background-color: yellow;
}

#position_relative_child {
    position: relative;
    width: 200px;
    height: 200px;
    background-color: blue;
    /* 부모 자식 간에 발생하는 마진 병합 현상이 일어납니다. */
    margin-top: 100px;
}
```

그림 8-16 부모 자식 간에 발생하는 마진 병합 현상이 일어난다

이번에는 margin-top 속성을 top 속성으로 변경합니다.

```
/* margin-top: 100px; */
/* 파란색 박스의 최초 생성 위치를 기준으로 100픽셀만큼 아래로 이동합니다. */
top: 100px;
```

**그림 8-17** top 속성을 적용하면 파란색 박스의 최초 생성 위치를 기준으로 100픽셀만큼 아래로 이동한다

fixed 속성값과 달리 파란색 박스가 생성된 최초 위치를 기준으로 좌표가 설정되므로 100px만큼 아래로 이동합니다. 즉, relative 속성값은 top, right, bottom, left 속성을 사용할 수 있습니다.

다음으로 부모의 높이와 top 속성을 주석으로 처리해 봅니다.

```
#position_relative_parent {
    width: 500px;
    /* relative 속성값은 부모의 높이에 영향을 줄 수 있습니다. */
    /* height: 500px; */
    background-color: yellow;
}

#position_relative_child {
```

```
        position: relative;
        width: 200px;
        height: 200px;
        background-color: blue;
        /* margin-top: 100px; */

        /* top: 100px; */
    }
```

그림 8-18 relative 속성값은 부모의 높이에 영향을 준다

이번에는 자식의 높이에 영향을 받아 노란색 박스가 나타납니다. 이처럼 relative 속성값은 자식의 높이가 부모의 높이에 영향을 줄 수 있습니다.

정리하면 relative 속성값은 마진 병합 현상과 부모의 높이에 영향을 주는 2차원 특징과 top, right, bottom, left 속성을 사용할 수 있는 3차원 특징을 갖습니다.

### 3차원의 세계, absolute

absolute 속성값은 ❶ 부모 자식 간에 발생하는 마진 병합 현상이 일어나지 않습니다. ❷ top · right · bottom · left 속성이 적용됩니다. 단, 부모의 position 상태에 따라 좌표 기준점이 달라집니다. ❸ 부모가 높이를 갖고 있지 않을 경우 자식의 높이가 부모에게 영향을 주지 못합니다.

#position_absolute_child 안에 margin-top 속성을 적용해 봅니다.

```
<div id="box1"></div>
<div id="position_absolute_parent">
    <div id="position_absolute_child"></div>
</div>
```

```
#box1 {
    width: 500px;
    height: 200px;
    background-color: gray;
}


#position_absolute_parent {
    width: 500px;
    height: 500px;
    background-color: yellow;
}


#position_absolute_child {
    position: absolute;
    width: 200px;
    height: 200px;
    background-color: blue;
    /* 마진 병합 현상이 일어나지 않습니다. */
    margin-top: 100px;
}
```

그림 8-19 마진 병합 현상이 일어나지 않는다

부모 자식 간에 발생하는 마진 병합 현상이 일어나지 않으며 파란색 박스가 생성된 최초 위치를 기준으로 움직입니다.

다음으로 margin-top 속성을 주석으로 처리하고 top 속성을 적용해 봅니다.

```
/* margin-top: 100px; */
/* 브라우저 왼쪽 상단을 기준으로 top 속성이 적용됩니다. */
top: 100px;
```

그림 8-20 브라우저 왼쪽 상단을 기준으로 top 속성이 적용된다

fixed 속성값과 마찬가지로 브라우저 왼쪽 상단을 기준으로 파란색 박스가 아래로 움직입니다. 즉, absolute 속성값 또한 top, right, bottom, left 속성을 사용할 수 있다는 것을 알 수 있습니다.

단, fixed 속성값과 다른 점은 absolute 속성값은 부모의 position 상태에 따라 좌표 기준점이 달라진다는 점입니다. #position_absolute_parent 안에 relative 속성값을 적용하고 결과를 확인하면 파란색 박스가 노란색 박스를 기준으로 다시 움직입니다.

즉, 부모가 static 속성값일 경우에 top, right, bottom, left 속성을 적용하면 좌표가 브라우저를 기준으로 형성됩니다. 하지만 부모가 relative 속성값일 경우에는 좌표 기준점이 부모로 바뀝니다.

```css
#position_absolute_parent {
    /* 부모가 relative 속성값을 갖고 있을 때 top 속성을 사용하면 좌표가 부모를 기준으로 형성된다. */
    position: relative;
    width: 500px;
    height: 500px;
    background-color: yellow;
}
```

그림 8-21 부모가 relative 속성값을 갖고 있을 때 top 속성을 사용하면 좌표가 부모를 기준으로 형성된다

이로써 부모에 relative 속성값이 적용되어 있다면 absolute 속성값의 margin-top, top 속성은 동일한 결과가 출력된다는 것을 알 수 있습니다.

이제 자식의 높이가 부모에게 영향을 주는지 살펴보겠습니다. 부모의 높이를 주석으로 처리하고 결과를 볼까요?

```css
#position_absolute_parent {
    /* position: relative; */
    width: 500px;
    /* absolute 속성값은 부모의 높이에 영향을 줄 수 없습니다. */
    /* height: 500px; */
    background-color: yellow;
}

#position_absolute_child {
    position: absolute;
    width: 200px;
    height: 200px;
    background-color: blue;
    /* margin-top: 100px; */
    /* top: 100px; */
}
```

그림 8-22 absolute 속성값은 부모의 높이에 영향을 주지 않는다

fixed와 마찬가지로 노란색 박스가 보이지 않습니다. 즉, 자식이 absolute 속성값을 갖고 있다면 자식의 높이가 부모에게 영향을 줄 수 없습니다.

정리해 볼까요? fixed 속성값과 마찬가지로 absolute 속성값은 3차원 특징을 갖습니다. 지금까지 살펴본 position의 주요 속성값과 속성값의 특징은 다음과 같이 벤다이어그램으로 표현할 수 있습니다.

그림 8-23 position의 주요 속성값이 갖는 특징

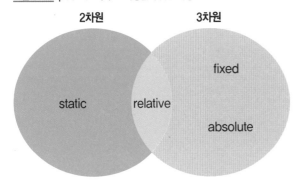

- 마진 병합 유무(2차원 O, 3차원 X)
- top, left, bottom 적용 유무(2차원 X, 3차원 O)
- 자식의 높이 값이 부모의 높이 값에 영향을 미치는지 유무(2차원 O, 3차원 X)

position의 주요 속성값과 특징을 표로 정리하면 다음과 같습니다.

표 8-1 position의 주요 속성값과 특징

| position 주요 속성값 | 차원 | 부모 자식 간에 발생하는 마진 병합 현상 | top, right, bottom, left 적용 | 자식의 높이 값이 부모에게 미치는 영향 |
|---|---|---|---|---|
| static | 2차원 | O | X | O |
| fixed | 3차원 | X | O | X |
| relative | 2차원, 3차원 | O | O | O |
| absolute | 3차원 | X | O | X |

지금까지 주요 position 속성값의 주요 특징을 살펴보았습니다. 이처럼 position 속성은 선택된 태그의 상태를 2차원 또는 3차원으로 변경할 때 사용하며, 이는 웹 사이트 레이아웃 작업에까지 영향을 미칩니다. 특히 부모 자식 간의 마진 병합 현상, margin-top 속성 또는 top 속성을 사용할 때 달라지는 좌표 기준점 등은 레이아웃 작업의 중요한 요소이므로 position 속성의 주요 개념을 꼭 숙지하기 바랍니다.

# DAY 09
## 레이아웃에 영향을 미치는 요소 ③

레이어의 z축 조정에 영향을 주는 z-index 속성과 브라우저의 왼쪽 · 오른쪽 끝에 공간을 배치할 때 사용하는 float와 clear 속성에 대해 알아보겠습니다.

## 1  레이어 z축을 조정하는 속성, z-index

수학에서는 공간 도형과 공간 좌표라고 하는 x축, y축, z축 개념이 있습니다.

그림 9-1 **수학에서 공간 도형과 공간 좌표의 개념**

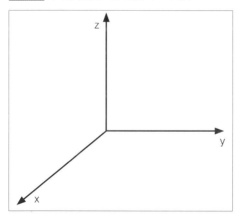

3차원 요소를 갖는 position 속성의 속성값은 모두 z축을 갖습니다. z축은 레이어 높낮이에 영향을 줍니다. z-index 속성은 레이어 높낮이를 조정하는 데 사용하며 3차원 요소를 갖는 fixed, relative, absolute 속성값과 함께 사용할 수 있습니다.

노란색 박스(z-index-1)와 파란색 박스(z-index-2)에 다음과 같이 absolute 속성값을 적용하면 파란색 박스만 나타납니다. 마치 노란색 박스가 사라진 것처럼 말입니다.

예제소스 Exercise/9장/1_z-index/index.html

```
<div id="z-index-1"></div>
<div id="z-index-2"></div>
```

예제소스 Exercise/9장/1_z-index/syle.css

```
#z-index-1 {
    position: absolute;
    width: 100%;
    height: 200px;
    background-color: yellow;
}

#z-index-2 {
    position: absolute;
    width: 100%;
    height: 200px;
    background-color: blue;
}
```

그림 9-2 **파란색 박스만 나타남**

하지만 노란색 박스의 높이 값을 200px에서 300px로 조정하면 노란색 박스가 파란색 박스 뒤에 숨어 있는 걸 알 수 있습니다.

예제소스 Exercise/9장/1_z-index/style01.css

```css
#z-index-1 {
    position: absolute;
    width: 100%;
    height: 300px;
    background-color: yellow;
}
```

그림 9-3 숨겨진 노란색 박스가 나타남

이처럼 형제간에 순수한 3차원 특징을 갖는 fixed 또는 absolute 속성을 적용하면 나중에
적용된 HTML 요소가 상위 레이어에 위치합니다.

그럼 이번에는 z-index 속성을 사용하여 파란색 박스와 노란색 박스의 z축 위치를 조정해
보겠습니다. z-index 속성의 속성값에는 정수를 쓸 수 있고 숫자가 클수록 상위 레이어로
이동합니다. 현재 노란색 박스의 z-index 속성의 속성값이 파란색 박스보다 크기 때문에 노
란색 박스가 상위 레이어로 올라옵니다.

예제 소스 Exercise/9장/1_z-index/style02.css

```css
#z-index-1 {
    position: absolute;
    width: 100%;
    height: 300px;
    background-color: yellow;
    z-index: 10;
}
```

```
#z-index-2 {
    position: absolute;
    width: 100%;
    height: 200px;
    background-color: blue;
    z-index: 5;
}
```

그림 9-4 z-index 값이 큰 노란색 박스가 상위로 올라온다

이처럼 z-index 속성은 레이어의 z축 위치를 조정할 때 사용합니다. 이 말은 z축 개념이 존재하는 3차원 요소인 fixed, relative, absolute 속성값에서만 사용할 수 있다는 뜻이기도 합니다.

이를 앞에서 본 벤다이어그램의 특징에 반영하면 다음과 같이 정리할 수 있습니다.

그림 9-5 z-index 속성을 추가

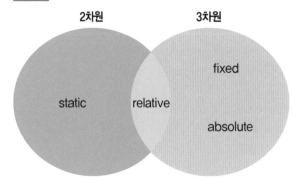

- 마진 병합 유무(2차원 O, 3차원 X)
- top, left, bottom 적용 유무(2차원 X, 3차원 O)
- 자식의 높이 값이 부모의 높이 값에 영향을 미치는지 유무(2차원 O, 3차원 X)
- z-index 적용 유무(2차원 X, 3차원 O)

표 9-1 position 속성값: z-index 적용 열 추가

| position<br>주요 속성값 | 차원 | 부모 자식 간에 발생<br>하는 마진 병합 현상 | top, right,<br>bottom, left<br>적용 | 자식의 높이 값이<br>부모에게 미치는 영향 | z-index<br>적용 |
|---|---|---|---|---|---|
| static | 2차원 | O | X | O | X |
| fixed | 3차원 | X | O | X | O |
| relative | 2차원, 3차원 | O | O | O | O |
| absolute | 3차원 | X | O | X | O |

## 2 HTML 태그를 공중에 띄우는 float 속성

float 속성은 문자 그대로 '띄우다'라는 의미를 담고 있습니다. 선택된 태그를 띄워서 부모의 공간을 기준으로 왼쪽 끝이나 오른쪽 끝에 배치할 때 사용합니다. 왼쪽 끝부터 순서대로 정렬할 때는 float: left;을 사용하고 오른쪽 끝부터 순서대로 정렬할 때는 float: right;을 사용합니다.

예제 소스 Exercise/9장/2_float/index01.html

```
<div id="left"></div>
<div id="right"></div>
```

예제 소스 Exercise/9장/2_float/style01.css

```
/* 부모(<body> 태그)를 기준으로 왼쪽 끝이나 오른쪽 끝에 배치합니다. */
#left {
    float: left;
    width: 200px;
    height: 400px;
    background-color: yellow;
}
```

```
#right {
    float: right;
    width: 200px;
    height: 400px;
    background-color: blue;
}
```

그림 9-6 float:left(노란색)와 float:right(파란색)를 적용한 결과

float 속성을 사용하면 다음 그림처럼 전통적인 웹 사이트 레이아웃 구조를 간단하게 만들 수 있습니다.

그림 9-7 float 속성을 사용해서 만든 레이아웃

## 3  전통적인 웹 사이트 레이아웃 구조 만들기

먼저 HTML 문서 안의 공간을 정의하는 〈header〉, 〈aside〉, 〈section〉, 〈footer〉 태그를 사용하여 설계 도면 작업을 진행합니다. 앞에서 언급했듯이 〈html〉과 〈body〉 태그는 기본적으로 margin과 padding 속성을 갖고 있으므로 공백이 생깁니다. 따라서 margin: 0;과 padding: 0;을 적용하여 공백을 없앱니다.

예제 소스 Exercise/9장/2_float/index02.html

```html
<body>
    <header></header>
    <aside id="left"></aside>
    <section></section>
    <aside id="right"></aside>
<footer></footer>
</body>
```

예제 소스 Exercise/9장/2_float/style02.css

```css
html, body {
    margin: 0;
    padding: 0;
}

header {
    width: 100%;
    height: 100px;
    background-color: yellow;
}

#left {
    width: 150px;
    height: 200px;
    background-color: blue;
```

```
    }

    section {
        width: 400px;
        height: 200px;
        background-color: orange;
    }

    #right {
        width: 200px;
        height: 200px;
        background-color: red;
    }

    footer {
        width: 100%;
        height: 100px;
        background-color: black;
    }
```

그림 9-8 설계 도면 작업

다음으로 〈aside id="left"〉, 〈section〉, 〈aside id="right"〉 공간에 대한 배치 작업을 진행하겠습니다.

〈aside id="left"〉 안에 float: left;을 적용하면 파란색 박스는 브라우저 왼쪽 끝으로 정렬됩니다. 주황색 박스는 위로 올라가면서 원래 크기보다 작게 출력됩니다. 눈으로는 주황색 박스의 크기가 변한 것처럼 보이지만 실제로는 파란색 박스 뒤에 주황색 박스가 배치된 상태입니다.

예제 소스 Exercise/9장/2_float/style03.css

```css
#left {
    float: left;
    width: 150px;
    height: 200px;
    background-color: blue;
}
```

TIP
Exercise/9장/2_float/index03.html 파일을 실행하면 됩니다. style04.css 파일의 경우에는 같은 경로에 있는 index04.html 파일을 실행하면 됩니다.

그림 9-9 파란색 박스에 float:left를 적용하여 왼쪽 끝에 배치

float 속성을 사용하면 3차원 특징 중 일부를 갖게 되므로 레이어가 달라집니다. 즉, 파란
색 박스는 부모 자식 간에 발생하는 마진 병합 현상이 일어나지 않고 자식의 높이가 부모의
높이에 영향을 주지 못합니다.

파란색 박스 옆에 주황색 박스를 배치하려면 왼쪽 끝부터 순서대로 배치하겠다는 의미로
⟨section⟩ 태그에도 똑같이 float: left;을 적용합니다. ⟨aside id="left"⟩와 ⟨section⟩
태그에 float: left;을 적용하면 '왼쪽부터 차곡차곡 배치하겠다'는 뜻이 됩니다.

예제 소스 Exercise/9장/2_float/style04.css

```
section {
    float: left;
    width: 400px;
    height: 200px;
    background-color: orange;
}
```

그림 9-10 주황색 박스에 float:left를 적용하여 왼쪽 끝에 차례대로 배치

그림 9-10을 보면 빨간색 박스가 사라진 것처럼 보입니다. 하지만 그림 9-9에서 주황
색 박스가 잘려서 나타났던 것처럼 레이어가 달라졌기 때문에 빨간색 박스는 현재 ⟨aside
id="left"⟩와 ⟨section⟩ 공간 뒤쪽에 숨겨진 상태입니다.

빨간색 박스를 파란색 박스와 같은 선상의 오른쪽 끝에 배치하고 싶다면 ⟨aside
id="right"⟩ 안에 float: right;을 적용합니다.

```
#right {
    float: right;
    width: 200px;
    height: 200px;
}
```

그림 9-11 빨간색 박스에 float:right를 적용한 결과

이제 〈aside id="left"〉, 〈section〉, 〈aside id="right"〉 공간 모두 float 속성이 적용되어 3차원 특징의 일부를 갖게 되었습니다. 이때 〈footer〉 태그의 검은색 박스가 박스세 개(파란색, 주황색, 빨간색) 뒤쪽으로 배치된 이유는 박스 세 개와 검은색 박스의 레이어가 달라졌기 때문입니다.

검은색 박스, 즉 〈footer〉 태그를 〈aside〉와 〈section〉 공간 아래에 배치하고 싶다면 float 속성과 함께 사용되는 clear 속성을 적용합니다. 이 부분은 다음 절에서 설명하겠습니다.

잠깐만요

**형제간에 레이어가 겹치는 현상**
position 속성의 2차원과 3차원 개념을 숙지하고 나면 레이어가 생기는 3차원이 항상 2차원보다 위에 배치된다고 오해하는 경우가 많습니다. 2차원과 3차원 간에 발생하는 레이어가 겹치는 현상은 형제간에 발생하며 그 순서에 따라 전혀 다른 결과가 나타납니다.

다음은 형제간에 적용된 2차원과 3차원 순서에 따라 레이아웃이 어떻게 달라지는지를 보여 주는 예제 코드입니다.

```html
<div class="first"></div>
<div class="second"></div>
```

```css
/* 첫 번째 형제가 3차원이고 두 번째 형제가 2차원일 경우 */
html, body {
    margin: 0;
    padding: 0;
}

.first {
    position: absolute;
    width: 100%;
    height: 300px;
    background-color: yellow;
}

.second {
    position: static;
    width: 100%;
    height: 300px;
    background-color: blue;
}
```

```
/* 첫 번째 형제가 2차원이고 두 번째 형제가 3차원일 경우 */
html, body {
    margin: 0;
    padding: 0;
}

.first {
    position: static;
    width: 100%;
    height: 300px;
    background-color: yellow;
}

.second {
    position: absolute;
    width: 100%;
    height: 300px;
    background-color: blue;
}
```

결과를 보면 첫 번째 형제가 3차원이고 두 번째 형제가 2차원일 때는 첫 번째 형제 뒤쪽으로 두 번째 형제가 숨겨지는 '레이어 겹침' 현상이 발생합니다. 반대로 첫 번째 형제가 2차원이고 두 번째 형제가 3차원일 때는 박스가 순서대로 출력되면서 레이어 겹침 현상이 일어나지 않습니다. 이는 float 속성에도 적용되는 공식입니다.

## 4 float와 clear 속성은 실과 바늘

clear 속성은 '취소하다'라는 의미를 갖고 있으며 float 속성의 기능을 제어하는 데 사용합니다. 속성값에는 left, right, both 등이 있습니다.

float: left 기능을 제어하고 싶다면 clear: left를 사용하고, float: right 기능을 제어하고 하고 싶다면 clear: right를 사용합니다. float: left와 float: right 기능을 둘 다 제어하고 싶다면 clear: both를 사용합니다. 일반적으로 clear 속성은 both 속성값을 사용합니다.

clear 속성은 마지막으로 float 속성값이 적용된 태그 다음에 등장하는 태그 안에 넣어 주면 됩니다. 예를 들어 현재 〈aside id="right"〉 안에 float 속성을 마지막으로 사용했으므로 그다음에 나오는 태그인 〈footer〉 태그 안에 다음과 같이 clear 속성을 적용하면 우리가 원하는 위치에 검은색 박스가 정렬됩니다.

예제 소스 Exercise/9장/3_clear/style.css

```css
footer {
    clear: both;
    width: 100%;
    height: 100px;
    background-color: black;
}
```

그림 9-12 〈footer〉 태그에 clear:both 속성 적용 결과

악어와 악어새처럼 float 속성은 clear 속성과 함께 사용될 수밖에 없는 공생 관계라고 기억해 두세요.

**기발자의 개발 노트**

알다시피 Day 07~09는 난이도가 꽤 높다. 특히 position 속성은 속성값에 따라 ①부모 자식 간에 발생하는 마진 병합 현상, ② top, right, bottom, left 속성 적용 유무, ③ 자식의 높이가 부모에게 영향을 미치는지 아닌지 등 세 가지 경우의 수를 대입해서 살펴봐야 하므로 시간이 오래 걸린다.

기존 책이나 온라인 강의에서는 position 속성의 속성값을 절대 위치와 상대 위치 개념으로만 소개할 뿐 다양한 경우의 수를 설명하지 않아 이해하는 데 어려움을 겪었다.

필자의 경우 키즈가오 웹 사이트 제작 당시 HTML 태그의 두 가지 혈액형과 position 속성의 속성값이 갖고 있는 특징을 전혀 모르는 상태에서 제작을 진행했다. 그래서 원하는 위치에 항목을 배치하는 것도 쉽지 않았고, 위치가 조금만 어긋나도 전체 레이아웃이 틀어지는 문제가 자주 나타났다. 수많은 시행착오 덕분에 이러한 개념을 실전에서 익힐 수밖에 없었고 3개월가량 고생한 끝에 비로소 필자만의 공식을 찾을 수 있었다.

position 속성은 다양한 경우의 수를 코드로 직접 입력하면서 학습하는 방식을 추천한다. 예를 들어 부모-자식 관계를 바탕으로 경우의 수를 정리하면 부모의 position 4가지 X 자식의 position 4가지 X 앞에서 언급한 3가지 특징까지 조합하여 총 48가지 경우의 수를 전부 살펴보는 것이 좋다.

경우의 수 48가지가 부담스럽다면 경우의 수를 조금 줄일 수 있다. 보통 부모의 position 속성의 속성값으로 fixed나 absolute를 적용하는 경우는 드물다. 또한 특별한 경우를 제외하면 자식으로 fixed 속성값을 사용하는 경우는 없다. 그럼 경우의 수가 부모의 position 2가지 X 자식의 position 3가지 X 앞에서 언급한 3가지 특징을 조합하여 18가지로 줄어든다. 이 정도면 충분히 도전해 볼 만하다.

부모-자식 관계의 경우의 수를 모두 살펴봤다면 형제 관계의 경우의 수도 살펴보길 바란다. 여기까지 살펴보면 키즈가오 레이아웃 작업을 하면서 필자가 제시하는 코드 외에도 여러분만의 공식으로 배치 작업을 진행할 수 있을 것이다.

한 가지를 더 추가하면 position 속성의 속성값과 float 속성 간의 상관관계를 살펴보길 바란다. 키즈가오 실습 단계에서 한 번 더 언급하겠지만 absolute와 fixed 속성값은 float 속성과 함께 사용할 수 없다.

이런 다양한 경우의 수와 상관관계를 언급하는 책이나 블로그는 많지 않다(이 책을 만난 것이 행운일지도 모른다). position 속성은 평소 운동을 하듯 여러 번 반복해서 익히는 방법이 가장 빨리 익힐 수 있는 방법이다.

당구를 책으로만 공부해서는 300점 이상을 칠 수 없다. 지문이 닳도록 큐대를 잡고 수없이 많은 공을 쳐 봐야 몸이 기억한다. 그렇게 하루하루가 더해져야 당구의 고수가 될 수 있다. 이것은 position 속성뿐만 아니라 모든 프로그래밍 언어를 학습할 때도 마찬가지로 적용되는 원칙이다. 매일매일 반복해서 연습하는 것이야 말로 학습의 지름길이다.

# CSS3에 등장한 신조어

*HTML5&CSS3 FOR EVERYONE*

과거 CSS 언어로는 화려하고 역동적인 웹 사이트를 제작하는 데 한계가 있었습니다. 예를 들어 네모난 박스의 모서리를 둥글게 표현하려면 이미지 파일을 만들어서 적용시킬 수밖에 없었습니다. 간단한 애니메이션 효과를 만들 때조차 브라우저의 로딩 속도에 약간 부담을 주는 자바스크립트를 사용해야 했습니다.

하지만 CSS3가 등장하면서 디자인과 기능적인 부분을 쉽게 표현할 수 있게 되었습니다. 웹 사이트에 생명을 불어넣는 CSS3에 등장한 신조어에 대해 살펴보겠습니다.

## 1  특정 영역에 여러 가지 변형 효과 적용하기

transform 속성은 선택된 태그의 각도를 조정하고 크기를 변경하고 위치를 옮길 때 사용합니다. 자주 사용하는 속성값에는 rotate, scale, skew, translate 등이 있습니다.

### 선택된 영역의 각도를 조정하는 rotate()

rotate() 속성값은 선택된 태그의 각도를 평면적으로 조정할 때 사용합니다.

```
tranform:rotate(각도)
```

여기서 '각도'는 0~360에서 하나로 지정할 수 있습니다. 각도가 양수면 시계 방향, 음수면 시계 반대 방향으로 회전합니다.

예제 소스 Exercise/10장/1_transform/index.html

```
<div id="transform_rotate"></div>
```

예제 소스 Exercise/10장/1_transform/style.css

```
#transform_rotate {
    width: 300px;
    height: 300px;
    background-color: yellow;
    background-image: url("transform_rotate.png");
    transform: rotate(45deg);   /* -45deg는 시계 반대 방향으로 회전 */
}
```

그림 10-1 transform: rotate() 적용 전(가운데)과 후(좌/우)

transform: rotate(-45deg)를 적용하면
시계 반대 방향으로 45° 회전

transform: rotate(45deg)를
적용하면 시계 방향으로 45° 회전

## 선택된 영역의 크기를 비율로 조정하는 scale()

scale() 속성값은 선택된 요소의 크기를 비율로 조정할 때 사용합니다.

```
transform: scale(x, y);
```

첫 번째 숫자는 너비(width) 비율, 두 번째 숫자는 높이(height) 비율을 뜻합니다. 원본 크기는 숫자 1을 기준으로 1보다 크면 확대하고 1보다 작으면 축소합니다. 비율에는 1.2나 1.5와 같이 소수점도 쓸 수 있습니다.

예제 소스 **Exercise/10장/1_transform/index.html**

```
<div id="transform_scale"></div>
```

예제 소스 **Exercise/10장/1_transform/style.css**

```
#transform_scale {
    width: 300px;
    height: 300px;
    background-color: yellow;
    margin: 200px 0 0 200px;
    transform: scale(2, 2);
}
```

그림 10-2 **너비와 높이를 각각 2배 확대**

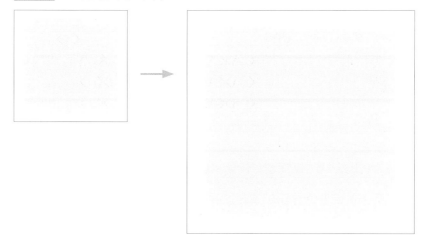

## 입체적으로 각도를 조정하는 skew()

skew() 속성값은 선택된 태그의 각도를 입체적으로 조정할 때 사용합니다.

```
transform: skew(x, y);
```

첫 번째 숫자는 x축, 두 번째 숫자는 y축을 뜻합니다. x축의 각도 값이 양수면 오른쪽, 음수면 왼쪽으로 입력된 각도만큼 공간이 왜곡됩니다. y축의 각도 값이 양수면 아래쪽, 음수면 위쪽으로 공간이 왜곡됩니다.

```
<div id="transform_skew"></div>
```

예제 소스 Exercise/10장/1_transform/style.css

```
#transform_skew {
    width: 300px;
    height: 300px;
    background-color: yellow;
    background-image: url("transform_skew.png");
    transform: skew(10deg, 20deg);
    margin-left: 100px;
    margin-top: 100px;
}
```

그림 10-3 x축 10˚, y축 20˚ 왜곡

transform: skew(0deg, 20deg) 적용
y축 기준 20˚ 왜곡

transform: skew(10deg, 0deg) 적용
x축 기준 10˚ 왜곡

transform: skew() 적용 전

transform: skew(-10deg, 0deg) 적용
x축 기준 -10˚ 왜곡

transform: skew(0deg, -20deg) 적용
y축 기준 -20˚ 왜곡

## 선택된 요소의 좌표를 조정하는 translate()

translate( ) 속성값은 선택된 요소를 x축이나 y축으로 이동시킬 때 사용합니다.

```
transform: translate(x, y);
```

첫 번째 숫자는 x축, 두 번째 숫자는 y축을 뜻합니다. 해외 웹 사이트에서는 `margin`과 `padding` 속성 외에도 `translate` 속성값을 사용하여 배치 작업을 진행하는 경우도 있습니다.

예제 소스 Exercise/10장/1_transform/index.html

```
<div id="transform_translate"></div>
```

예제 소스 Exercise/10장/1_transform/style.css

```
#transform_translate {
    width: 300px;
    height: 300px;
    background-color: yellow;
    transform: translate(100px, 200px);
}
```

그림 10-4 x축으로 100px, y축으로 200px 이동

## 2 특정 영역이 변하는 과정 표현하기

transition- 속성은 특정 조건에 따라 상태가 변하는 것을 뜻합니다. 예를 들어 색상이나 크기 등과 같은 속성이 특정 조건에 따라 변하는 과정을 보여 주고자 할 때 transition- 속성을 사용합니다. 여기서 말하는 특정 조건은 보통 마우스 포인터를 올렸을 때를 의미합니다.

그림 10-5 transition 속성이란 특정 조건에 따라 상태가 변하는 것이다

start                         end

다음과 같이 transition 속성을 적용하고 노란색 박스에 마우스 포인터를 올리면 박스 크기가 600px로 커집니다.

예제 소스 Exercise/10장/2_transition/index.html

```
<div id="transition"></div>
```

예제 소스 Exercise/10장/2_transition/style.css

```
#transition {
    width: 300px;
    height: 300px;
    background-color: yellow;
    transition-property: width;          ❶
    transition-duration: 3s;             ❷
    transition-timing-function: ease;    ❸
    transition-delay: 1s;                ❹
}
```

```
#transition:hover {  ⑤
    width: 600px;
}
```

그림 10-6 마우스 포인터를 올리면 박스 크기가 600px로 커진다

① transition-property 속성은 변화를 주려는 CSS 속성을 말합니다. 속성을 쉼표(,)로 구분하여 여러 개 지정할 수 있습니다. 변화를 주는 속성이 많을 때는 all을 속성값으로 입력합니다.

② transition-duration 속성은 변화가 일어나는 시간을 말합니다. transition- 속성을 제대로 적용하려면 transition-duration 속성을 꼭 명시해야 합니다. 기본값이 0으로 설정되어 있으므로 transition-duration 속성을 적용하지 않으면 효과가 나타나지 않습니다.

③ transition-timing-function 속성은 변하는 속도를 어떻게 가속시키고 감속시킬지를 말합니다.

표 10-1에서 transition-timing-function 속성의 주요 속성값을 확인할 수 있습니다.

표 10-1 transition-timing-function 속성의 주요 속성값

| linear | 시작 지점부터 종료 지점까지 같은 속도로 변화가 일어납니다. |
|---|---|
| ease | 초반은 느리게, 중반은 빠르게, 종반은 느리게 변화가 진행됩니다. |
| ease-in | 시작 지점의 변화가 천천히 진행됩니다. |
| ease-out | 종료 지점의 변화가 천천히 진행됩니다. |
| ease-in-out | 시작 지점과 종료 지점의 변화가 천천히 진행됩니다. |

❹ transition-delay 속성은 변화가 시작되는 시간을 지연시킬 때 사용합니다. 기본값은 0s로 설정되어 있습니다.

❺ #transition:hover는 '#transition 영역에 마우스 포인터를 올렸을 때'를 뜻합니다. :hover는 '마우스 포인터를 올렸을 때'라는 의미를 담은 가상 클래스입니다. 여기서 가상 클래스란 어떤 상태를 지정할 때 사용하는 CSS 언어를 말합니다.

앞서 적용한 CSS 속성값을 정리하면 다음 순서로 설명할 수 있습니다.

```
#transition {
    width: 300px;
    height: 300px;
    background-color: yellow;

    /* ❶ 변화 과정을 보여 주고자 하는 속성은 width입니다. */
    transition-property: width;

    /* ❷ width 300px에서 width 600px로 바뀌는 데 걸리는 시간은 3초입니다. */
    transition-duration: 3s;

    /* ❸ 초반은 느리게, 중반은 빠르게, 종반은 느리게 변화가 진행됩니다. */
    transition-timing-function: ease;

    /* ❹ 마우스 포인터를 올렸을 때 1초 후에 변화가 시작됩니다. */
    transition-delay: 1s;
}

    /* ❺ #transition에 마우스 포인터를 올렸을 때 width 속성값이 600px로 바뀝니다. */
#transition:hover {
    width: 600px;
}
```

transition- 속성도 background- 속성과 마찬가지로 한 줄로 정리할 수 있습니다. 단, 한 줄로 정리를 할 때는 먼저 나오는 시간이 duration, 나중에 나오는 시간이 delay입니다. 그 외에는 어떤 순서로 작성해도 무방합니다.

```
/* 먼저 나오는 숫자는 duration, 나중에 나오는 숫자는 delay를 의미합니다. */
transition: width 3s ease 1s;
```

# 3 CSS로 애니메이션 만들기

animation- 속성은 GIF나 플래시처럼 웹 사이트에 다양한 애니메이션 효과를 적용할 때 사용합니다. 크기, 위치, 회전, 배경색 등 CSS 언어가 제공하는 대부분의 속성에 시간과 방향을 지정하여 애니메이션 효과를 만듭니다. animation- 속성이 등장하면서 자바스크립트와 제이쿼리(jQuery) 없이도 간단한 애니메이션 효과를 쉽게 구현할 수 있게 되었습니다.

예제 소스 Exercise/10장/2_transition/index.html

```
<div id="animation"></div>
```

예제 소스 Exercise/10장/2_transition/style.css

```
#animation {
    width: 300px;
    height: 300px;
    background-color: yellow;
    animation-name: changeWidth;            ❶
    animation-duration: 3s;                 ❷
    animation-iteration-count: 6;           ❸
    animation-timing-function: ease;        ❹
```

```
        animation-direction: alternate;    ❺
        animation-delay: 2s;               ❻
    }


    /* @keyframes 옆에는 animation-name 속성의 속성값을 입력합니다. */
    @keyframes changeWidth {               ❼
        from { width: 300px; }
        to { width: 600px; }
    }
```

**그림 10-7** 박스 크기가 300px에서 600px로 늘었다 줄어든다

결과를 보면 2초 후에 어떠한 조건 없이 자동으로 노란색 박스의 너비가 300px에서 600px 로 세 차례 반복해서 변하는 것을 확인할 수 있습니다.

그럼 코드에 나온 각 속성에 대해 알아보겠습니다.

❶ animation-name 속성은 적용할 애니메이션의 이름을 지정할 때 사용합니다.

❷ animation-duration 속성은 애니메이션이 from~to로 동작하는 데 걸리는 시간입니다.

❸ animation-iteration-count 속성은 애니메이션 재생 횟수입니다. 제한 없이 무한으로 애니메이션 효과를 적용하고 싶다면 infinite 속성값을 적용합니다.

❹ animation-timing-function 속성은 transition-timing-function 속성과 마찬가지 로 속도를 어떻게 가속시키고 감속시킬지 설정할 때 사용합니다.

❺ animation-direction 속성은 애니메이션 진행 방향으로 주요 속성값은 다음과 같습니다.

표 10-2 animation-direction의 주요 속성값

| normal | from~to로 진행합니다. |
|---|---|
| reverse | to~from으로 진행합니다. |
| alternate | from~to로 갔다가 다시 to~from으로 진행합니다. |
| alternate-reverse | to~from으로 갔다가 다시 from~to로 진행합니다. |

❻ animation-delay 속성은 transition-delay 속성과 마찬가지로 애니메이션이 동작하는 시간을 지연시킬 때 사용합니다. 기본값은 0s로 설정되어 있습니다.

TIP
이 코드에서는 animation-iteration-count: 6;을 적용했는데 반복 효과가 6회가 아닌 3회입니다. from에서 to로 이동하는 데 1회가 계산되고 다시 to에서 from으로 이동하는 데 1회가 각각 계산되기 때문입니다.

❼ @keyframes 속성은 애니메이션이 효과를 지정하는 공간입니다. @keyframes 속성 옆에는 animation-name 속성의 속성값을 입력하여 animation- 속성과 @keyframes 속성을 연동시켜야 합니다.

from { }와 to { } 키워드는 애니메이션의 시작 지점과 끝 지점을 뜻합니다. from과 to 대신 다음과 같이 0%와 100%를 입력할 수도 있습니다.

```
@keyframes changeWidth {
    0% { width: 300px; }
    100% { width: 600px; }
}
```

효과를 세밀하게 조정하고 싶다면 0%와 100% 사이에 숫자(예를 들어 50%)를 추가합니다.

```
@keyframes changeWidth {
    0% { width: 300px; }
    50% { background-color: red; }
    100% { width: 600px; }
}
```

50% { background-color: red; }를 추가하면 애니메이션이 진행되는 중간 지점인 50% 지점부터는 배경색이 노란색에서 빨간색으로 변합니다.

**그림 10-8** 애니메이션이 진행되는 50% 지점부터 배경색이 노란색에서 빨간색으로 변한다

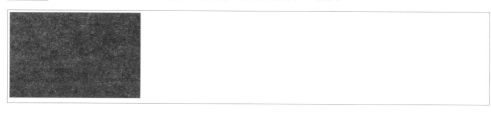

animation- 속성도 transition- 속성과 마찬가지로 한 줄로 정리할 수 있습니다. 이때 먼저 나오는 시간이 duration이고 나중에 나오는 시간이 delay입니다.

```
animation: changeWidth 3s 6 ease alternate 2s;
```

### CSS3 신조어의 브라우저 호환성과 접두사

transform, transition, animation 속성은 CSS3에 등장한 신조어입니다. CSS3 신조어는 HTML 태그와 마찬가지로 브라우저 호환성 문제가 생길 수 있습니다. 따라서 적용 가능한 브라우저 버전을 확인해 둬야 합니다. 버전이 낮은 브라우저에서도 transform, transition, animation 속성을 적용하고 싶다면 각 속성 앞에 접두사(prefix)를 붙여야 합니다.

w3schools에서 transform 속성을 소개하는 페이지에 접속하면 중간에 Browser Support(브라우저 지원)라는 제목이 보입니다.

transform 속성 소개 URL https://www.w3schools.com/css/css3_2dtransforms.asp

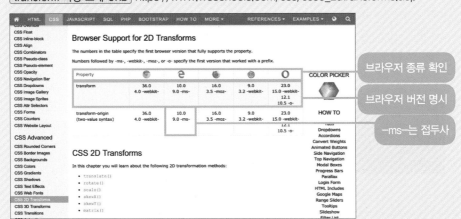

Property 영역을 보면 크롬, 익스플로러, 파이어폭스, 사파리, 오페라 등 전 세계에서 많이 사용하는 브라우저 종류가 보입니다.

transform 영역에는 해당 CSS 속성을 지원하는 브라우저 버전이 명시되어 있습니다. 익스플로러를 기준으로 살펴보면 10.0, 9.0 –ms–라고 표기되어 있습니다. 여기서 –ms–를 prefix, 즉 접두사라고 합니다. 이처럼 속성 앞에 브라우저별 접두사를 추가하면 하위 버전에서도 해당 속성을 사용할 수 있습니다.

즉, transform 속성을 단독으로 사용하면 익스플로러 10 버전부터 호환됩니다. 하지만 –ms– 접두사를 붙이면 익스플로러 9 버전부터 호환됩니다. 크로스 브라우징을 고려해야 하는 상황이라면 꼭 CSS3 신조어에 접두사를 명시해야 합니다(단, 모든 신조어가 접두사를 갖고 있는 건 아닙니다).

transform, transition, animation 속성에 접두사를 적용하면 다음과 같이 정리할 수 있습니다.

```
#transform_rotate {
    width: 300px;
    height: 300px;
    background-color: yellow;
```

```css
    -webkit-transform: rotate(45deg);  /* 크롬, 사파리 하위 버전에 transform 속성을 적용합니다. */
    -moz-transform: rotate(45deg);     /* 파이어폭스 하위 버전에 transform 속성을 적용합니다. */
    -ms-transform: rotate(45deg);      /* 익스플로러 하위 버전에 transform 속성을 적용합니다. */
    -o-transform: rotate(45deg);       /* 오페라 하위 버전에 transform 속성을 적용합니다. */
    transform: rotate(45deg);
}

#transition {
    width: 300px;
    height: 300px;
    background-color: yellow;
    -webkit-transition: width 3s ease 1s;  /* 크롬, 사파리 하위 버전에 transition 속성을 적용합니다. */
    -moz-transition: width 3s ease 1s;     /* 파이어폭스 하위 버전에 transition 속성을 적용합니다. */
    -o-transition: width 3s ease 1s;       /* 익스플로러 하위 버전에 transform 속성을 적용합니다. */
    transition: width 3s ease 1s;
}

#animation {
    width: 300px;
    height: 300px;
    background-color: yellow;
    /* 크롬, 사파리 하위 버전에 animation 속성을 적용합니다. */
    -webkit-animation: changeWidth 3s 6 ease alternate 2s;
    /* 파이어폭스 하위 버전에 animation 속성을 적용합니다. */
    -moz-animation: changeWidth 3s 6 ease alternate 2s;
    /* 오페라 하위 버전에 animation 속성을 적용합니다. */
    -o-animation: changeWidth 3s 6 ease alternate 2s;
    animation: changeWidth 3s 6 ease alternate 2s;
}

@-webkit-keyframes changeWidth {
    0% { width: 300px; }
    50% { background-color: red; }
    100% { width: 600px; }
}

@-moz-keyframes changeWidth {
    0% { width: 300px; }
    50% { background-color: red; }
    100% { width: 600px; }
}
```

```
@-o-keyframes changeWidth {
    0% { width: 300px; }
    50% { background-color: red; }
    100% { width: 600px; }
}


@keyframes changeWidth {
    0% { width: 300px; }
    50% { background-color: red; }
    100% { width: 600px; }
}
```

transition과 animation 속성의 Browser Support(브라우저 지원) 부분을 살펴보면 -ms- 접두사가 보이지 않습니다. 이것은 transition과 animation 속성은 익스플로러 10 버전에서만 사용할 수 있다는 뜻입니다. 그리고 animation 속성에 적용된 접두사에 맞춰 keyframes 속성 앞에도 같은 접두사를 꼭 명시해야 합니다.

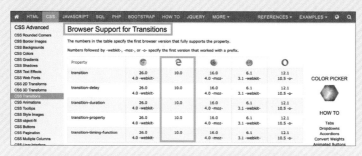

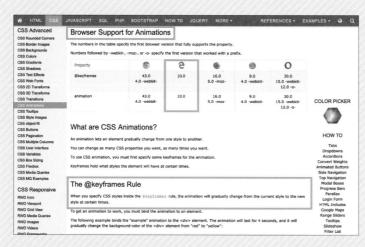

CSS3 신조어인 transform, transition, animation 속성이 등장하면서 간단한 애니메이션을 쉽게 구현할 수 있게 되었다. 과거에는 마우스 포인터를 올렸을 때 버튼 배경색이나 글자 색이 바뀌도록 하려면 자바스크립트나 제이쿼리를 써서 구현해야 했다. 하지만 CSS3 신조어 중 하나인 transition 속성을 사용하면 이러한 기능을 코드 몇 줄만으로도 쉽게 구현할 수 있다.

이처럼 애니메이션 효과가 단순할 때는 CSS3 신조어를 사용하는 것이 좋다. 자바스크립트나 제이쿼리를 사용하면 코드가 길어지기 때문에 그만큼 가독성이 떨어진다. 또한 브라우저가 코드를 읽는 데 걸리는 시간이 CSS보다 느려 웹 사이트 로딩 속도를 떨어트릴 수 있다. 물론 복잡한 애니메이션이나 크로스 브라우징 작업까지 고려하면 자바스크립트와 제이쿼리가 더 효과적일 때도 있다.

둘 중 무엇이 더 좋은지는 중요하지 않다. 기획이나 상황에 따라 그때그때 방향에 맞게 사용하는 것이 정답이다. CSS Animation vs JavaScript & jQuery 논쟁은 해외에서도 여전히 계속되고 있다.

국내에서는 익스플로러 하위 버전까지 고려해서 제작하는 경우가 많다 보니 CSS3 신조어를 적극적으로 사용하는 데 제약이 따른다. 필자는 국내외 익스플로러 버전 점유율 자료로 클라이언트나 기획자를 설득하여 최신 브라우저에 맞게 작업하는 방법을 권장한다.

2011년 3월에 정식으로 출시된 익스플로러 9 버전 같은 하위 버전 브라우저는 보안에 취약하다는 단점이 있다. 게다가 7년 전에 출시된 브라우저까지 호환되도록 제작을 진행하면 간단한 기능조차 구현하기가 쉽지 않다. 그만큼 시간과 비용이 많이 들 수밖에 없다.

다음은 2018년 4월 국내 브라우저 점유율을 버전별로 정리한 도표이다.

출처: http://gs.statcounter.com/

익스플로러 버전을 기준으로 보면 10 버전이 0.89퍼센트이고 10 미만 버전은 도표에 보이지도 않는다.

이를 스마트폰 앱 제작에 비유하면 2011년에 출시된 스마트폰(아이폰 4S, 갤럭시 S2, 베가 레이서 등)까지 고려하여 앱을 제작하는 것과 같은 이치이다. 당연히 최신 스마트폰에 사용되는 최신 기술을 적용하는 데 제약이 따를 수밖에 없다.

2018년 7월 현재, 과연 아직도 익스플로러 하위 버전까지 고려하여 웹 사이트를 제작하는 것이 합리적인 결정인지는 개발자를 비롯한 기획자와 클라이언트 모두가 다시 한 번 고민해 봐야 할 주제이다.

# DAY 11 메뉴 버튼 만들기

*HTML5&CSS3 FOR EVERYONE*

지금까지 학습한 HTML과 CSS 언어의 기본 개념을 바탕으로 간단한 메뉴 버튼을 만들어 보겠습니다. 메뉴 버튼은 웹 사이트 레이아웃 작업의 축소판입니다. 메뉴 버튼을 무리 없이 만들 수 있다면 웹 사이트 레이아웃 작업도 쉽게 진행할 수 있습니다.

## 1 1단계: 정적인 메뉴 버튼 만들기

먼저 메뉴 버튼을 만들기 위한 HTML 설계 작업을 진행하겠습니다.

〈nav〉 태그를 사용하여 메뉴 버튼을 담는 공간을 만듭니다. 각각의 메뉴는 순서가 없는 리스트이므로 〈ul〉 태그를 적용하고, 리스트 정보는 〈li〉 태그로 표현합니다. 메뉴 버튼을 클릭했을 때 페이지가 전환되도록 〈li〉 태그 안에 〈a〉 태그를 삽입합니다.

예제 소스 Exercise/11장/1_navigation/index.html

```html
<nav>
    <ul>
        <li><a href="#">메뉴1</a></li>
        <li><a href="#">메뉴2</a></li>
        <li><a href="#">메뉴3</a></li>
    </ul>
</nav>
```

그림 11-1 정적인 메뉴 버튼

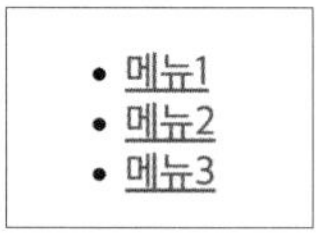

- 메뉴1
- 메뉴2
- 메뉴3

결과를 보면 글자 앞에 가운뎃점(·)과 글자 밑에 밑줄(_)이 함께 표시되었습니다. 이는 〈ul〉과 〈a〉 태그가 가진 list-style과 text-decoration 속성 때문입니다. list-style 속성은 리스트 정보를 표기하는 디자인에 영향을 미칩니다. text-decoration 속성은 텍스트에 밑줄이나 윗줄 또는 가운뎃줄을 넣을 때 사용합니다.

속성값을 none으로 입력하면 가운뎃점과 밑줄이 사라집니다.

```
ul {
    list-style: none;
}

a {
    text-decoration: none;
}
```

그림 11-2 가운뎃점과 밑줄이 사라짐

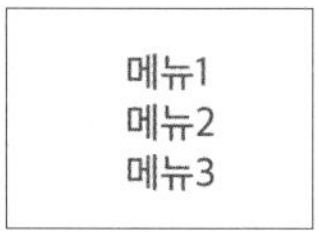

메뉴1
메뉴2
메뉴3

웹 사이트 레이아웃을 작업할 때 〈html〉과 〈body〉 태그에 margin: 0과 padding: 0을 적용하는 것처럼 메뉴 버튼을 만들 때도 가운뎃점과 밑줄을 사라지게 하는 CSS 초기화 속성값을 반드시 적용해야 합니다.

다음으로 〈li〉 태그에 메뉴 버튼 디자인 작업을 본격적으로 진행하겠습니다.

⟨li⟩ 태그는 width와 height 속성으로 공간의 크기를 설정할 수 있습니다. 메뉴 버튼의 배경을 노란색으로 설정하고 border 속성을 사용하여 테두리를 만듭니다.

예제 소스 Exercise/11장/1_navigation/style.css

```css
li {
    width: 100px;
    height: 50px;
    background-color: yellow;
    border: solid 5px red;
}
```

그림 11-3 메뉴 버튼에 디자인을 적용한 결과

왼쪽 상단에 위치한 글자를 노란색 박스 정중앙으로 옮기고 싶다면 text-align과 line-height 속성을 사용합니다. text-align 속성은 x축을 기준으로 글자를 수평으로 정렬시킬 때 사용합니다. 버튼 안에 있는 텍스트를 x축 중앙에 배치하고 싶다면 center 속성값을 입력합니다.

line-height 속성은 텍스트 위아래 줄 간격을 지정할 때 사용합니다. 버튼 안에 있는 텍스트를 y축 중앙에 배치하고 싶다면 속성값을 버튼의 높이와 같은 값인 50px로 입력합니다.

예제 소스 Exercise/11장/1_navigation/style.css

```css
li {
    width: 100px;
```

```
    height: 50px;

    background-color: yellow;

    border: solid 5px red;

    text-align: center;

    line-height: 50px;    /* height 속성값과 동일한 속성값을 입력합니다. */

}
```

그림 11-4 버튼 안에 있는 글자가 정중앙으로 정렬됨

현재 메뉴 버튼은 y축으로 정렬되어 있습니다. 메뉴 버튼을 x축으로 정렬하고 싶다면 display 속성을 사용하여 <li> 태그의 혈액형을 바꾸면 됩니다. 메뉴 버튼의 줄 바꿈 현상을 없애고 width와 height 속성을 적용시키려면 Inline과 Block 요소의 특징을 모두 가진 inline-block 속성값을 입력합니다.

예제 소스 Exercise/11장/1_navigation/style.css

```
li {

    display: inline-block;

    width: 100px;

    height: 50px;

    background-color: yellow;

    border: solid 5px red;

    text-align: center;

    line-height: 50px;

}
```

그림 11-5 inline-block 속성을 적용한 결과

display: inline-block;을 사용하면 메뉴 버튼 사이에 미세한 공백이 생깁니다. 공백을 세서하려면 display: inline-block; 대신 '왼쪽부터 차곡차곡 태그를 배치하겠다'는 의미인 float: left;을 입력합니다.

예제 소스 Exercise/11장/1_navigation/style.css

```css
li {
    float: left;
    width: 100px;
    height: 50px;
    background-color: yellow;
    border: solid 5px red;
    text-align: center;
    line-height: 50px;
}
```

그림 11-6 float: left를 적용한 결과

## 2 2단계: 정적인 메뉴 버튼 수정하기

앞에서 제작한 메뉴 버튼에 마우스 포인터를 올리면 글자 영역에서는 손가락으로 바뀌지만 노란색 영역에서는 화살표가 나타납니다.

<u>그림 11-7</u> **마우스 포인터가 글자 영역에서는 손가락(좌), 노란색 영역에서는 화살표로 나타남(우)**

현재 메뉴 버튼의 동작 범위가 글자에만 적용되어 있기 때문입니다. 동작 범위를 노란색 영역까지 넓히고 싶다면 〈a〉 태그의 범위를 확장시켜야 합니다. 먼저 〈li〉 태그 안에 적용한 text-align과 line-height 속성을 주석으로 처리하고 position: relative;을 적용합니다.

〈a〉 태그는 position: absolute;을 적용하고 width와 height 속성에 각각 100%를 입력합니다. absolute는 어디로 튈지 모르는 4차원 성격을 지닌 속성값입니다. 자식에 absolute 속성값을 적용할 때는 부모에 relative 속성값을 적용하여 안전장치를 만드는 것이 좋습니다(부모에 relative 속성값 적용 유무에 따라 좌표 기준점이 달라지는 것을 Day 08에서 확인했습니다).

마지막으로 글자가 정중앙에 배치되도록 〈a〉 태그 안에 text-align과 line-height 속성을 적용합니다.

<u>예제 소스</u> **Exercise/11장/2_navigation/style.css**

```css
a {
    text-decoration: none;
    position: absolute;
    width: 100%;
    height: 100%;
    text-align: center;
    line-height: 50px;
}
```

```
li {
    position: relative;
    float: left;
    width: 100px;
    height: 50px;
    background-color: yellow;
    border: solid 5px red;
    /* text-align: center; */
    /* line-height: 50px; */
}
```

__그림 11-8__ 메뉴 버튼의 동작 범위를 넓힘

결과를 보면 글자 영역뿐만 아니라 노란색 영역에서도 마우스 포인터 모양이 손가락으로 유지됩니다. 여기서 중요한 개념이 한 가지 등장합니다. <a> 태그는 Inline 요소의 특징을 가지므로 원칙적으로는 width와 height 속성이 적용되지 않아야 합니다. 하지만 Inline 요소에 position: absolute;을 사용하면 width와 height 속성을 적용할 수 있습니다.

<a> 태그는 <li> 태그의 자식으로 포함되어 있고 <a> 태그의 크기는 <li> 태그 안에서 조정됩니다. 현재 <li> 태그의 width와 height 속성의 속성값으로 각각 100px과 50px을 적용한 상태입니다. <a> 태그의 width와 height 속성값이 100%라는 의미는 <li> 태그 안에서 <a> 태그의 크기를 최대한으로 넓히겠다는 뜻입니다. 결국 현재 <a> 태그의 크기는 <li> 태그와 같은 100px과 50px과 같은 상태입니다.

이번에는 Day 10에서 배운 transition 속성을 사용하여 메뉴 버튼에 마우스 포인터를 올리면 버튼이 움직이면서 배경색이 달라지는 동적인 메뉴 버튼을 만들겠습니다.

앞에서 만든 메뉴 버튼과 마찬가지로 HTML 문서에는 〈nav〉, 〈ul〉, 〈li〉, 〈a〉 태그를 적용하여 설계 도면을 만드는 작업을 합니다.

예제 소스 Exercise/11장/3_navigation/index.html

```
<nav>
    <ul>
        <li><a href="#">Home</a></li>
        <li><a href="#">About Us</a></li>
        <li><a href="#">Contact US</a></li>
        <li><a href="#">Portfolio</a></li>
        <li><a href="#">Sign in</a></li>
    </ul>
</nav>
```

CSS 문서에는 〈html〉, 〈body〉, 〈ul〉, 〈a〉 태그가 기본적으로 갖고 있는 CSS 속성을 초기화하는 코드를 추가합니다.

예제 소스 Exercise/11장/3_navigation/style.css

```
html, body {
    margin: 0;
    padding: 0;
}

ul {
    list-style: none;
}
```

```
a {
    text-decoration: none;
}
```

그럼 본격적으로 메뉴 버튼 디자인 작업을 진행하겠습니다.

먼저 〈a〉 태그의 CSS 속성으로 text-transform 속성을 추가합니다. text-transform 속성은 글자를 전부 대문자 또는 소문자로 바꿀 때 사용합니다. 속성값으로 uppercase를 적용하면 모든 글자가 대문자로 바뀌고, lowercase를 적용하면 소문자로 바뀝니다.

〈li〉 태그의 border-top 속성은 상단에만 테두리를 적용시킬 때 사용하며, border 속성과 같은 속성값을 입력합니다. border-top 이외의 속성에는 border-right, border-bottom, border-left 등이 있습니다.

**예제 소스** Exercise/11장/3_navigation/style.css

```
a {
    text-decoration: none;
    color: #fff;
    font-size: 20px;
    text-transform: uppercase;   /* 글자를 전부 대문자로 변경할 때 사용합니다. */
}

li {
    width: 250px;
    background-color: #000;
    padding: 20px;
    border-top: solid 5px #dfdfdf;   /* 상단에만 테두리를 생성합니다. */
}
```

그림 11-9 동적인 메뉴 버튼을 위한 디자인 작업

디자인 작업을 마쳤다면 이번에는 transition 속성을 사용하여 마우스 포인터를 올렸을 때 메뉴 버튼이 오른쪽으로 움직이면서 배경색이 바뀌는 효과를 적용하겠습니다.

```css
li {
    width: 250px;
    background-color: #000;
    padding: 20px;
    border-top: solid 5px #dfdfdf;
    transition: background-color 0.2s, margin-left 0.5s;
}

li:hover {
    background-color: gray;
    margin-left: 10px;
}
```

그림 11-10 HOME 메뉴에 마우스 포인터를 올리면 배경색이 회색으로 바뀌고 오른쪽으로 10px 움직인다

실행한 다음 각 메뉴 버튼에 마우스 포인터를 올리면 배경색이 회색으로 바뀌면서 움직이는 것을 확인할 수 있습니다. 지금처럼 transition 속성은 여러 애니메이션 효과를 동시에 적용할 때도 사용할 수 있습니다.

**기발자의 개발 노트**

메뉴 버튼은 웹 사이트 레이아웃의 축소판이다. x축 또는 y축 정렬 메뉴, 중앙에 로고가 들어가는 메뉴, 아이콘과 함께 정렬되는 메뉴 등 기획이나 디자인 의도에 따라 다양한 형태로 만들 수 있다. 메뉴 버튼을 무리 없이 정렬할 수 있는 수준에 이르면 웬만한 웹 사이트 레이아웃은 수월하게 작업할 수 있다.

메뉴 버튼을 수월하게 작업할 수 있게 되면 다음 단계로 레이아웃 구조가 단순한 웹 사이트를 똑같이 만드는 연습을 해 보는 것도 좋다. 네이버나 다음 같은 국내 주요 포털 사이트를 실습 예제로 다루기도 하는데 HTML 코드를 살펴보면 구조가 복잡해서 입문자가 보기에는 어렵다. 게다가 정형화된 틀 안에서 코드를 작성하므로 HTML 태그의 사용 범위가 제한적이라 학습용으로는 추천하지 않는다.

필자는 웹 사이트의 성지인 awwwards에서 해외 실습 예제를 검색했다. awwwards는 전 세계 전문가가 평가한 완성도 높은 작품을 확인할 수 있는 웹 사이트이다.

awwwards URL | https://www.awwwards.com/

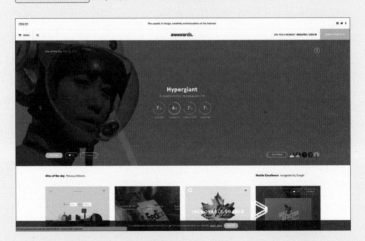

해외 웹 사이트는 국내 웹 사이트에 비해 레이아웃 정렬 방식이 개성 넘치고 HTML 태그의 사용 범위도 넓은 편이라 여러 상황에 응용하기에 좋다.

다음 덴마크 쇼핑몰을 예로 들어 보겠다. 참고로 이 쇼핑몰은 awwwards에서 winner를 수상한 작품이다.

덴마크 쇼핑몰 URL https://www.helbak.com/

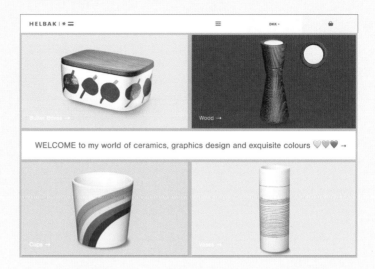

이 쇼핑몰을 보기 전까지는 ⟨ul⟩과 ⟨li⟩ 태그를 메뉴 버튼을 만들 때만 사용하는 것으로 알고 있었다. 하지만 이 쇼핑몰에서는 제품 정보를 보여 줄 때도 ⟨ul⟩과 ⟨li⟩ 태그를 사용한다. 이 쇼핑몰을 보면서 태그의 사용 범위가 확장될 수 있다는 것을 깨달았다. 이처럼 HTML 태그의 적용 범위가 궁금하다면 다양한 웹 사이트를 참고하여 몸으로 익혀 보는 것이 좋다.

마지막으로 이미 실습한 웹 사이트를 이전과는 다른 방식으로 레이아웃 작업을 진행하는 것도 좋다. 레이아웃 작업에는 정답이 없다. 다양한 경우의 수를 몸으로 경험하는 것이야 말로 학습하는 데 큰 도움이 된다.

넷 째 마당

# 만들어 보자!
# 키즈가오 웹 사이트

# DAY 12 키즈가오 프로젝트 시작하기

*HTML5&CSS3 FOR EVERYONE*

지금까지 학습한 HTML과 CSS의 기본 개념을 바탕으로 키즈가오 웹 사이트 실습을 진행하겠습니다. 키즈가오는 우리쌀로 만든 유기농 유아 점토 제품입니다. 웹 사이트에서는 제품의 탄생 과정을 스토리텔링 방식으로 친숙하고 재미있게 소개하고 있습니다. 고객이 이야기에 집중할 수 있도록 한 페이지(단일 페이지)로 제작했고 스토리텔링 방식에 효과적인 패럴랙스 기능을 적용했습니다.

데스크톱뿐만 아니라 모바일 사용자를 고려하여 적응형 버전으로도 제작했지만, 이 책에서는 데스크톱 버전 레이아웃을 중심으로 설명하겠습니다.

### 잠깐만요

**패럴랙스 기능**

패럴랙스는 웹 사이트를 스크롤할 때 생기는 시차를 이용하여 다양한 이벤트 효과를 적용한 기술입니다. 패럴랙스가 적용된 웹 사이트는 다음과 같습니다.

- NASA Prospect: https://nasaprospect.com/
- Unfold: https://www.unfold.no/
- Melanie F: http://melanie-f.com/en/

 **1 키즈가오의 폴더 구조**

예제 파일에서 KidsGao 폴더를 열어 보면 설계 도면 작업용 index.html 파일, 디자인 진행용 style.css 파일, 키즈가오 이미지 파일이 각각 들어 있습니다.

그림 12-1 KidsGao 폴더의 구조

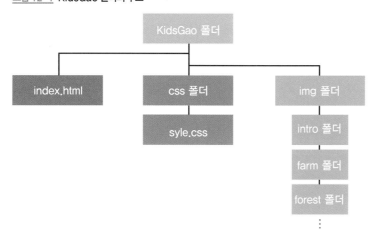

style.css 파일과 키즈가오 이미지 파일은 파일 관리를 효과적으로 하기 위해 각각 css와 img 폴더 안에 담아 두었습니다. 웹 사이트 작업 전에 폴더 및 파일을 잘 관리해야 추후 유지 보수 작업을 수월하게 진행할 수 있습니다. 각 파일이 어느 폴더에 있는지에 따라 파일 경로가 달라진다는 점을 잊지 마세요.

키즈가오는 익스플로러 10 버전 이상의 브라우저를 고려하여 기획 · 디자인 · 개발했습니다. HTML5와 CSS3 신조어를 적극 사용할 수 있어서 개발 작업이 수월했습니다.

예제 소스 Exercise/12장/KidsGao/index.html

```html
<!DOCTYPE html> ❶
<html>
<head>

    <meta charset="UTF-8">                                              ❷
    <meta name="description" content="우리쌀 점토로 만든 키즈가오 웹 사이트 소개">
    <meta name="keywords" content="키즈가오, 점토, 장난감">
    <meta name="author" content="김인권">

    <title>키즈가오</title> ❸
    /* 현재 style.css 파일의 경로를 입력합니다. */
    <link rel="stylesheet" href="css/style.css"> ❹
```

```
</head>
<body></body>
</html>
```

❶ 먼저 index.html 파일에서 HTML5 신조어를 사용하기 위해 `<!DOCTYPE html>` 태그를 선언합니다.

❷ `<meta>` 태그에는 `charset`, `description`, `keywords`, `author` 속성값에 대응하는 문자 코드와 키즈가오와 관련된 정보를 입력합니다.

❸ `<title>` 태그의 콘텐츠에는 키즈가오 제품명을 작성합니다.

❹ `<link>` 태그의 `href` 속성값에는 `css/style.css`를 입력합니다. 현재 index.html 파일을 기준으로 css 폴더 안에 있는 style.css 파일을 선택하겠다는 의미입니다. style.css 파일이 다른 폴더에 있다면 `href` 속성의 속성값을 style.css 파일 경로에 맞게 수정해야 합니다.

## ② 키즈가오 인트로 제작

웹 사이트 제작에 들어가기 전에 디자이너가 보내 준 디자인 시안을 보면서 설계 도면을 어떻게 작성하고 어떤 CSS 속성을 사용할지 미리 분석하는 것이 좋습니다.

그림 12-2 **키즈가오 인트로 시안**

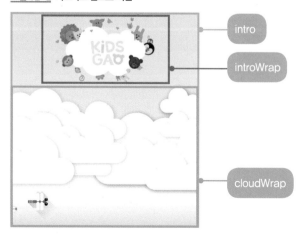

키즈가오 intro 공간은 잠자리가 나오는 부분까지입니다. 키즈가오 로고를 기준으로 어떤 동물은 로고 앞에 배치되고 어떤 동물은 로고 뒤에 배치되어 있습니다. 상단 intro 공간에는 〈header〉 태그를 사용하고 동물과 로고에는 z-index 속성을 사용할 수 있는 3차원 특징을 가진 position 속성의 속성값을 적용해야 한다는 것을 유추할 수 있습니다. 왼쪽 구름은 오른쪽 구름 위쪽에 겹쳐진 상태입니다. 즉, 구름이 나오는 지점에도 z-index 속성을 적용해야 합니다.

그럼 intro 공간에 대한 HTML 설계 도면 작업을 진행하겠습니다.

**예제 소스** Exercise/12장/KidsGao/index.html

```html
<!DOCTYPE html>
<html>
<head>……</head>
<body>
    <!-- Intro Section -->
    <header id="intro">     ❶

        <!-- Intro Wrap: 로고와 동물 이미지를 담은 서랍장입니다. -->
        <!-- Intro Wrap -->
        <div class="introWrap">
            <div class="logo"></div>
            <div class="lion"></div>
            <div class="rabbit"></div>
            <div class="bear"></div>
            <div class="monkey"></div>
        </div>

        <!-- Cloud Wrap: 구름과 잠자리 이미지를 담은 서랍장입니다. -->
        <!-- Cloud Wrap -->
        <div class="cloudWrap">
            <div class="leftCloud"></div>
            <div class="rightCloud"></div>
            <div class="dragonfly"></div>
        </div>
```

❷

```
            </header>
        </body>
    </html>
```

❶ 웹 사이트의 시작을 알리는 부분이므로 `<header id="intro">` 태그를 사용하여 큰 공간을 만듭니다.

❷ `<div class="introWrap">`과 `<div class="cloudWrap">`으로 작은 서랍장을 두개 만듭니다. `<div class="introWrap">` 서랍장 안에는 로고와 동물 이미지, `<div class="cloudWrap">` 서랍장 안에는 구름과 잠자리 이미지를 적용할 수 있도록 `<div>` 태그를 사용합니다. `<div class="introWrap">`과 `<div class="cloudWrap">`은 각 이미지를 담는 서랍장 역할을 담당합니다.

앞에서 말했듯이 웹 사이트를 만들 때는 서랍장을 어떻게 만들 것인지가 매우 중요합니다. 이 부분은 상단 배치 작업을 마친 후에 자세히 설명하겠습니다.

설계 작업을 마쳤으므로 style.css 파일에서 초기화 작업을 진행하겠습니다.

예제 소스 Exercise/12장/KidsGao/css/style.css

```
/*******************
*** Default ***
*******************/
/* <html>과 <body> 태그 안에 있는 margin과 padding 속성을 초기화합니다. */
html, body {   ❶
    margin: 0;
    padding: 0;
}
```

```
/* 브라우저 x축을 벗어나는 모든 요소를 감추기 위해 overflow-x: hidden을 적용합니다. */
body {
    overflow-x: hidden;    ❷
}


/* <h1>~<h6>, <p> 태그 안에 있는 margin과 padding 속성을 초기화합니다. */
h1, h2, h3, h4, h5, h6, p {
    margin: 0;
    padding: 0;
}


/* <button> 태그의 CSS 속성을 초기화합니다. */
button {    ❸
    border: none;
    background-color: transparent;
}
```

❶ 우선 <html>, <body>, <h1>~<h6>, <p> 태그는 margin과 padding 속성이 기본값으로 적용된 상태이므로 속성값을 0으로 초기화하는 작업을 해야 합니다.

❷ <body> 태그에 있는 overflow-x: hidden;은 '브라우저 창의 너비를 벗어나는 모든 콘텐츠는 감추겠다'는 뜻입니다. 콘텐츠를 브라우저 창 밖에 배치하면 브라우저에 가로 스크롤이 생깁니다. 브라우저 영역을 벗어난 콘텐츠를 감추고 가로 스크롤도 나타나지 않게 하려면 <body> 태그에 overflow-x: hidden;을 꼭 입력해야 합니다.

❸ <button> 태그는 버튼을 만들 때 사용하는 HTML5 신조어입니다. CSS 기본 속성값은 검은색 테두리와 회색 배경입니다. 마찬가지로 초기화 작업을 해야 하므로 테두리를 제거하는 border: none;과 배경색을 투명하게 하는 background-color: transparent;을 적용합니다.

### overflow-x: hidden을 적용하기 전과 후

overflow는 '넘치다' 또는 '초과하다', hidden은 '감추다' 또는 '숨기다'라는 의미입니다. 즉, overflow-x: hidden은 글자 그대로 x축을 초과하는 요소는 숨기겠다는 뜻입니다.

왼쪽과 오른쪽의 노란색 박스는 overflow-x: hidden을 적용하기 전과 후의 이미지입니다. 왼쪽 이미지는 파란색 박스가 노란색 박스 공간을 벗어나도 그 형태를 온전히 유지합니다. 반면 오른쪽 이미지는 파란색 박스가 노란색 박스 공간을 벗어나면 벗어난 부분만큼 잘린 형태로 표시합니다. 이처럼 overflow-x: hidden을 사용하면 공간의 너비를 기준으로 너비를 벗어나는 모든 요소를 감춥니다(hidden).

그럼 본격적으로 intro 공간에 대한 인테리어 작업을 진행하겠습니다.

**예제 소스** Exercise/12장/KidsGao/css/style.css

```
/********************
*** Intro ***
********************/
#intro {
    width: 100%;                ❶
    height: 1600px;
    background-image: url(../img/intro/intro_bg.png);  ❷
}

#intro .introWrap {        /* 마침표(.) 앞에 한 칸 띄어쓰기에 주의하세요. */
    position: relative;    /* introWrap 서랍장을 2차원과 3차원 특징으로 변경합니다. */
    width: 760px;
    height: 516px;
    background-color: yellow;
}
```

❶ intro 공간에 있는 width의 속성값은 브라우저 왼쪽부터 오른쪽 끝까지 항상 전체 크기(full-size)가 유지되도록 100%로 입력합니다. height의 속성값은 1600px로 입력합니다. intro_bg.png 이미지의 높이가 1600px이기 때문입니다.

❷ background-image의 속성값인 경로에는 이미지의 주소인 url(../img/intro/intro_bg.png)를 입력합니다. ../img/intro/intro_bg.png는 style.css 파일이 intro_bg.png 이미지를 찾기 위한 파일 경로입니다. intro 공간에 배경 이미지를 삽입하려면 style.css 파일을 기준으로 CSS 폴더 밖으로 이동해야 하는데, 폴더 밖으로 벗어날 때는 ../를 사용합니다. 다음 img 폴더 안의 intro 폴더 안에 있는 intro_bg.png 이미지를 선택하면 됩니다.

그림12-3 KidsGao 폴더의 구조

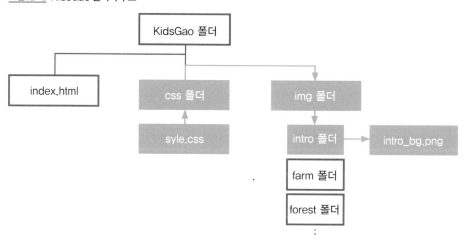

그림 12-4 실행 결과

intro 공간에 배경 이미지가 삽입되면 로고와 동물이 담긴 〈div class="introWrap"〉 서랍장을 브라우저 x축을 기준으로 중앙 정렬시켜야 합니다.

x축으로 중앙 정렬하는 방법에는 여러 가지가 있지만 필자는 다음 코드를 주로 사용합니다.

예제 소스 Exercise/12장/KidsGao/css/style.css

```css
#intro .introWrap {
    position: relative;
    width: 760px;
    height: 516px;
    background-color: yellow;
    /* left와 margin-left 속성을 활용한 중앙 정렬 공식입니다. */
    left: 50%;
    margin-left: -380px;
}
```

먼저 introWrap 서랍장 안에 left: 50%;을 적용합니다. 그럼 intro 공간을 기준으로 introWrap 서랍장 왼쪽 면이 50% 지점으로 이동합니다. 이는 브라우저 창의 너비를 줄여도 항상 유지됩니다.

다음으로 introWrap 서랍장의 width: 760px의 절반 값인 380px을 음수(-)로 적용합니다. 왼쪽으로 절반만큼 당겨지면서 introWrap 서랍장을 x축 중앙에 둘 수 있습니다.

그림 12-5 left: 50% 적용 상태(좌)와 margin-left: -380px 적용 상태(우)

TIP
이외에도 다른 중앙 정렬 방법이 궁금하다면 다음 링크를 참고하세요.
여러 가지 중앙 정렬 방법 참고 URL https://css-tricks.com/centering-css-complete-guide/

introWrap 서랍장 안에 있는 position: relative;은 다음과 같은 이유로 사용하였습니다.

- x축 중앙 정렬 작업을 할 때 사용되는 left 속성을 사용하기 위해
- 로고와 동물 이미지를 안전하게 배치하기 위해

로고와 동물 이미지에는 absolute 속성값을 사용하여 z-index 속성을 적용할 예정입니다. Day 08에서 설명했듯이 absolute 속성값은 어디로 튈지 모르는 4차원 녀석이라 배치 작업을 원활하게 하려면 안전장치로 부모에 relative 속성값을 입력하는 것이 좋습니다.

그럼 introWrap 서랍장 안에 들어가는 로고와 동물 이미지를 적용하겠습니다. HTML 설계 도면에서 로고와 동물 이미지는 introWrap 서랍장 안에 담았으므로 좌표 기준점은 introWrap 서랍장으로 지정됩니다. z-index 속성 적용과 부모 자식 간에 발생하는 마진 병합 현상을 막기 위해 3차원 특징을 가진 absolute 속성값을 입력합니다. 배치 작업은 margin 속성으로 진행합니다.

예제 소스 Exercise/12장/KidsGao/css/style.css

```css
/*******************
*** Intro ***
*******************/
#intro {……}
#intro .introWrap {……}
#intro .introWrap .logo {
    position: absolute; /* 로고를 3차원 특징으로 변경합니다. */
    width: 760px;
    height: 516px;
    background-image: url(../img/intro/logo.png);
    z-index: 100; /* z축을 100으로 조정합니다 */
}

#intro .introWrap .lion {
    position: absolute; /* 사자를 3차원 특징으로 변경합니다. */
    width: 161px;
    height: 161px;
```

```
        background-image: url(../img/intro/lion.png);
        margin: 80px 0 0 30px; /* 상단에서 80px, 왼쪽에서 30px 떨어진 지점에 배치합니다. */
    }


    #intro .introWrap .rabbit {
        position: absolute; /* 토끼를 3차원 특징으로 변경합니다. */
        width: 105px;
        height: 129px;
        background-image: url(../img/intro/rabbit.png);
        margin: 90px 0 0 580px;
    }


    #intro .introWrap .bear {
        position: absolute; /* 곰을 3차원 특징으로 변경합니다. */
        width: 112px;
        height: 105px;
        background-image: url(../img/intro/bear.png);
        margin: 310px 0 0 560px;
        z-index: 200; /* z축을 200으로 조정합니다. */
    }


    #intro .introWrap .monkey {
        position: absolute; /* 원숭이를 3차원 특징으로 변경합니다. */
        width: 85px;
        height: 93px;
        background-image: url(../img/intro/monkey.png);
        margin: 310px 0 0 50px;
        z-index: 200; /* z축을 200으로 조정합니다. */
    }
```

그림 12-6 로고와 동물 이미지 적용 결과

이번에는 〈div class="cloudWrap"〉 서랍장을 만들고 왼쪽 구름, 오른쪽 구름, 잠자리 이미지를 적용합니다. 〈div〉 태그는 Block 요소의 특징이 있으므로 지금처럼 줄 바꿈 현상이 일어나면서 y축을 기준으로 세로로 정렬됩니다.

예제 소스 Exercise/12장/KidsGao/css/style.css

```css
#intro .introWrap .lion {……}
#intro .introWrap .rabbit {……}
#intro .introWrap .bear {……}
#intro .introWrap .monkey {……}
#intro .cloudWrap {
    position: relative; /* cloudWrap 서랍장을 2차원, 3차원 특징으로 변경합니다. */
    width: 100%;
    height: 1050px;
    background-color: pink;
}

#intro .cloudWrap .leftCloud {
    width: 934px;
    height: 816px;
    background-image: url(../img/intro/cloud1.png);
}
```

```
#intro .cloudWrap .rightCloud {
    width: 843px;
    height: 858px;
    background-image: url(../img/intro/cloud2.png);
}

#intro .cloudWrap .dragonfly {
    width: 366px;
    height: 228px;
    background-image: url(../img/intro/dragonfly.png);
}
```

그림 12-7 왼쪽 구름과 오른쪽 구름이 브라우저 왼쪽 끝에 몰림

결과를 보면 왼쪽 구름과 오른쪽 구름이 모두 브라우저 왼쪽 끝에 몰려 있습니다. 왼쪽 구름
은 브라우저 왼쪽 끝, 오른쪽 구름은 브라우저 오른쪽 끝에 위치해야 합니다. float 속성을
사용하면 쉽게 해결할 수 있을 것 같지만 float 속성은 부모의 공간 크기에 따라 레이아웃

배치가 달라지므로 여기서는 적용하기가 어렵습니다.

다음과 같이 양쪽 구름에 각각 float: left와 float: right를 적용하고 브라우저 창의
너비를 줄인 다음 결과를 살펴봅시다.

예제 소스 Exercise/12장/KidsGao/css/style.css

```
#intro .cloudWrap .leftCloud {
    width: 934px;
    height: 816px;
    background-image: url(../img/intro/cloud1.png);
    float: left;
}

#intro .cloudWrap .rightCloud {
    width: 843px;
    height: 858px;
    background-image: url(../img/intro/cloud2.png);
    float: right;
}
```

그림 12-8 왼쪽 구름과 오른쪽 구름이 같은 선상에 놓이지 않음

오른쪽 구름이 브라우저 오른쪽 끝으로 이동은 했지만 왼쪽 구름과 같은 선상에 놓이지 않았습니다. 기본적으로 float 속성은 부모 창의 너비에 영향을 받습니다. 현재 브라우저 창의 너비가 왼쪽 구름과 오른쪽 구름의 너비의 합보다 작기 때문에 오른쪽 구름이 아래로 밀려난 것입니다.

와이드 모니터로 보거나 브라우저 화면 비율을 낮추면 양쪽 구름이 같은 선상에 놓이지만, 브라우저 창의 너비를 줄이면 오른쪽 구름이 아래로 밀려납니다.

float 속성을 사용하기 위한 조건을 정리하면 다음과 같습니다.

- 부모에게 고정값(px)을 적용합니다.
- 부모의 너비가 가변값을 갖고 있다면, float 속성이 사용된 영역에 가변값(%)을 적용합니다.
- absolute 속성값과 함께 사용할 수 없습니다.

오른쪽 구름에 absolute 속성값을 입력하면 float: right는 해제되고 absolute 속성값의 특징만 남기 때문에 왼쪽 구름과 오른쪽 구름이 겹쳐서 출력됩니다.

```
#intro .cloudWrap .rightCloud {
    /* absolute 속성값을 적용하면 float 속성의 기능이 해제됩니다. */
    position: absolute;
    width: 843px;
    height: 858px;
    background-image: url(../img/intro/cloud2.png);
    float: right;
}
```

그림 12-9 **왼쪽 구름과 오른쪽 구름이 겹침**

우리는 양쪽 구름을 브라우저 양끝에 같은 선상에 위치하도록 배치해야 하며, 브라우저 창의 너비를 줄여도 레이아웃이 틀어지지 않도록 만들어야 합니다. 여기에 더해 왼쪽 구름과 오른쪽 구름에 z-index 속성을 사용할 수 있는 방법까지 찾아야 합니다.

여러 방법이 있지만 가장 쉬운 방법은 양쪽 구름에 absolute 속성값을 적용하고 왼쪽 구름에는 left: 0;, 오른쪽 구름에는 right: 0;을 적용하는 것입니다. 현재 cloudWrap 서랍장 안은 relative 속성값을 적용한 상태이므로 양쪽 구름의 left와 right 속성의 좌표 기준점이 부모를 기준으로 설정됩니다. 또한 왼쪽 구름의 z-index 속성의 속성값을 오른쪽 구름보다 높은 숫자로 적용하면 왼쪽 구름이 오른쪽 구름 위쪽으로 정렬됩니다.

**예제 소스** Exercise/12장/KidsGao/css/style.css

```
#intro .cloudWrap .leftCloud {
    position: absolute; /* 왼쪽 구름을 3차원 특징으로 변경합니다. */
    width: 934px;
    height: 816px;
    background-image: url(../img/intro/cloud1.png);
    left: 0; /* cloudWrap 서랍장을 기준으로 왼쪽 끝에 배치됩니다. */
    z-index: 2;
}
#intro .cloudWrap .rightCloud {
```

```
        position: absolute; /* 오른쪽 구름을 3차원 특징으로 변경합니다. */
        width: 843px;
        height: 858px;
        background-image: url(../img/intro/cloud2.png);
        right: 0; /* cloudWrap 서랍장을 기준으로 오른쪽 끝에 배치됩니다. */
        z-index: 1;
    }
```

그림 12-10 absolute 속성값과 z-index 속성을 적용한 결과

잠자리에도 absolute 속성값과 top 속성을 사용하여 배치 작업을 진행하겠습니다.

예제 소스 Exercise/12장/KidsGao/css/style.css

```
    #intro .cloudWrap .dragonfly {
        position: absolute; /* 잠자리를 3차원 특징으로 변경합니다. */
        width: 366px;
        height: 228px;
        background-image: url(../img/intro/dragonfly.png);

        top: 820px; /* cloudWrap 서랍장을 기준으로 상단에서 820px 떨어진 지점에 배치됩니다. */
    }
```

introWrap과 cloudWrap 서랍장 안에 적용한 background-color 속성을 제거하면 키즈가오 intro 영역에 대한 레이아웃 작업이 마무리됩니다.

그림 12-11 **키즈가오 인트로 최종 결과**

## ③ 로고를 조금만 아래로 내려 주세요

키즈가오 배치 작업을 모두 마치고 나니 클라이언트가 수정 사항을 하나 보내왔습니다.

"로고가 브라우저 상단에 너무 딱 붙어 있어요. 조금만 아래로 내려 주세요."

보통은 디자인 시안 작업을 완료한 다음에 퍼블리싱 작업을 진행합니다. 하지만 막상 브라우저에서 확인해 보면 디자인 시안과 다른 느낌이 들 때가 있습니다. 그래서인지 퍼블리싱 작업을 한 다음에도 수정 사항이 들어오곤 합니다.

클라이언트는 로고를 아래로 내려달라고 요청했지만 실제 작업에서는 로고뿐만 아니라 동물 이미지도 함께 내려야 합니다. 만약 로고와 동물 이미지를 〈div class="introWrap"〉 서랍장으로 감싸지 않고 따로 배치했다면 수정 작업을 총 다섯 번 해야 합니다.

그림 12-12 〈div class="introWrap"〉 서랍장이 없다면 수정 작업을 총 다섯 번 해야 한다

하지만 우리는 〈div class="introWrap"〉 서랍장을 이미 만들어 두었으므로 한 번만 수정하면 됩니다. 지금처럼 HTML 설계 단계에서 어떤 콘텐츠를 어떻게 감쌀지 잘 설계해 두면 추후 유지 보수 작업을 수월하게 진행할 수 있습니다.

그림 12-13 서랍장을 만들었으므로 한 번만 수정하면 된다

그럼 `<div class="introWrap">` 서랍장을 아래로 내리는 수정 작업을 진행하겠습니다. 일단 `<div class="introWrap">` 서랍장 안에 `margin-top` 속성을 적용합니다.

예제 소스 Exercise/12장/KidsGao/css/style.css

```css
/********************
*** Intro ***
********************/
#intro {
    width: 100%;
    height: 1600px;
    background-image: url(../img/intro/intro_bg.png);
}


#intro .introWrap {
    position: relative;
    width: 760px;
    height: 516px;
    left: 50%;
    margin-left: -380px;
    margin-top: 100px;
}
```

그림 12-14 margin-top 속성을 적용했더니 흰색 배경이 보인다

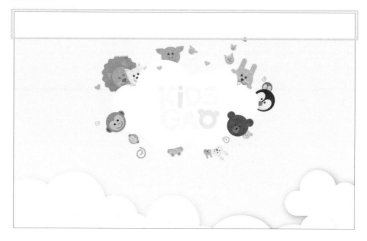

introWrap 서랍장이 아래로 내려오기는 했지만 상단에 흰색 배경이 보입니다. introWrap 서랍장 안에 적용한 margin-top 속성이 introWrap 서랍장의 부모인 intro 공간에도 영향을 끼쳤기 때문입니다. 바로 Day 07에서 배운 부모 자식 간의 마진 병합 현상이 일어난 것입니다.

현재 작성된 코드에서는 마진 병합 현상 때문에 margin-top 속성을 사용할 수 없습니다. 그렇다면 다음 코드처럼 margin-top 속성을 지우고 `<header id="intro">` 공간 안에 padding-top 속성을 적용하면 어떨까요?

**예제 소스** Exercise/12장/KidsGao/css/style.css

```
#intro {
    width: 100%;
    height: 1600px;
    background-image: url(../img/intro/intro_bg.png);
    padding-top: 100px;
}

#intro .introWrap {
    position: relative;
    width: 760px;
    height: 516px;
    left: 50%;
    margin-left: -380px;
}
```

<u>그림 12-15</u> padding-top 속성을 적용한 결과 문제가 없어 보인다

그럼 intro 공간 상단과 introWrap 서랍장 사이에 100px만큼 공백이 발생하면서 introWrap 서랍장이 아래로 움직입니다. 눈으로 봤을 때는 별다른 문제가 없어 보입니다. 하지만 요소 검사를 해 보면 padding-top 속성에 문제가 보입니다.

TIP

Day 07에서 언급했듯이 요소 검사는 크롬 브라우저에서 지원하는 개발자 도구입니다. 크롬 브라우저에서 화면을 마우스 오른쪽 버튼으로 누르고 '검사'를 선택하면 현재 웹 사이트의 HTML 코드와 CSS 속성을 확인할 수 있습니다.

**그림 12-16** padding-top: 100px 적용 범위(좌)와 Intro 영역 범위(우)

intro 공간 안에 padding-top: 100px;을 적용하면 intro 공간과 introWrap 서랍장 사이에 100px만큼 공백이 발생하여 introWrap 서랍장이 아래로 내려옵니다. 이때 intro 공간의 높이에도 변화가 생깁니다.

현재 우리는 intro 공간에 height: 1600px;을 지정했습니다. 여기에 padding-top: 100px을 적용하면 intro 공간의 전체 크기는 1600px + 100px = 1700px로 바뀝니다.

**그림 12-17** 1600px + 100px = 1700px

전체 배치 작업을 마친 다음 padding-top: 100px;을 적용했다면 다른 영역에 배치한 콘텐츠 또한 100px만큼 아래로 움직입니다. 즉, 모든 배치 작업을 마친 후 padding 속성을 사용하여 위치 조정 작업을 진행하면 전체 레이아웃이 틀어지는 문제가 생깁니다.

결국 우리는 마진 병합 현상이 일어나지 않도록 하되 다른 콘텐츠의 위치에도 영향을 끼치지 않으면서 introWrap 서랍장만 아래로 옮길 수 있는 방법을 찾아야 합니다. 이때 사용할 수 있는 방법이 바로 top 속성입니다.

introWrap 서랍장에 top: 100px;을 적용하면 부모 자식 간의 마진 병합 현상이 일어나지 않으며, 다른 레이아웃은 유지된 상태에서 introWrap 서랍장만 아래로 이동합니다. top 속성은 3차원 특징을 가진 position의 속성값인 relative, absolute, fixed에서만 사용할 수 있습니다.

예제 소스 Exercise/12장/KidsGao/css/style.css

```css
#intro {
    width: 100%;
    height: 1600px;
    background-image: url(../img/intro/intro_bg.png);
}

#intro .introWrap {
    position: relative;
    width: 760px;
    height: 516px;
    left: 50%;
    margin-left: -380px;
    /* 마진 병합 현상 없이 introWrap 서랍장만 아래로 움직입니다. */
    top: 100px;
}
```

그림 12-18 top: 100px을 적용한 결과

Day 01에서 언급했듯이 웹 사이트를 만드는 것은 건물을 짓는 과정과 비슷합니다. 기획자, 디자이너, 클라이언트가 봤을 때는 콘텐츠 하나만 움직이면 될 것 같지만 HTML 설계 방법과 CSS 속성에 맞춰 콘텐츠를 움직이는 건 쉽지 않습니다. 개발자에게 무리한 수정 사항을 계속 요구하면 최악의 경우에는 건물을 다시 지어야 할 수도 있습니다.

## 인트로 영역 전체 소스 코드

이번 시간에 작업한 인트로 영역의 전체 소스 코드입니다.

예제 소스 Exercise/12장/KidsGao/index.html

```
<!DOCTYPE html>
<html>
<head>……</head>
<body>
    <!-- Intro Section -->
```

```html
<header id="intro">
    <!-- Intro Wrap -->
    <div class="introWrap">
        <div class="logo"></div>
        <div class="lion"></div>
        <div class="rabbit"></div>
        <div class="bear"></div>
        <div class="monkey"></div>
    </div>

    <!-- Cloud Wrap -->
    <div class="cloudWrap">
        <div class="leftCloud"></div>
        <div class="rightCloud"></div>
        <div class="dragonfly"></div>
    </div>
</header>
</body>
</html>
```

예제 소스 Exercise/12장/KidsGao/css/style.css

```css
/*******************
*** Intro ***
*******************/
#intro {
    width: 100%;
    height: 1600px;
    background-image: url(../img/intro/intro_bg.png);
}

/* 중앙 정렬 공식 : left: 50%, margin-left: -width 절반값 */
#intro .introWrap {
```

```css
    position: relative;

    width: 760px;

    height: 516px;

    left: 50%;

    margin-left: -380px;

    top: 100px;
}


#intro .introWrap .logo {

    position: absolute;

    width: 760px;

    height: 516px;

    background-image: url(../img/intro/logo.png);

    z-index: 100;
}


#intro .introWrap .lion {

    position: absolute;

    width: 161px;

    height: 161px;

    background-image: url(../img/intro/lion.png);

    margin: 80px 0 0 30px;
}


#intro .introWrap .rabbit {

    position: absolute;

    width: 105px;

    height: 129px;

    background-image: url(../img/intro/rabbit.png);

    margin: 90px 0 0 580px;
}


#intro .introWrap .bear {

    position: absolute;
```

```
        width: 112px;

        height: 105px;

        background-image: url(../img/intro/bear.png);

        margin: 310px 0 0 560px;

        z-index: 200;

}


#intro .introWrap .monkey {

        position: absolute;

        width: 85px;

        height: 93px;

        background-image: url(../img/intro/monkey.png);

        margin: 310px 0 0 50px;

        z-index: 200;

}


#intro .cloudWrap {

        position: relative;

        width: 100%;

        height: 1050px;

}


/* 왼쪽 끝 정렬 방법 : absolute, left: 0 */

#intro .cloudWrap .leftCloud {

        position: absolute;

        width: 934px;

        height: 816px;

        background-image: url(../img/intro/cloud1.png);

        left: 0;

        z-index: 2;

}


/* 오른쪽 끝 정렬 방법 : absolute, right: 0 */

#intro .cloudWrap .rightCloud {
```

```
    position: absolute;
    width: 843px;
    height: 858px;
    background-image: url(../img/intro/cloud2.png);
    right: 0;
    z-index: 1;
}

#intro .cloudWrap .dragonfly {
    position: absolute;
    width: 366px;
    height: 228px;
    background-image: url(../img/intro/dragonfly.png);
    top: 820px;
}
```

기발자의
개발
노트

키즈가오는 광고회사를 나와서 합류한 KLOZEUP 스타트업에서 처음으로 맡은 외주 작업이다. 개발 공부를 3개월 하고 투입된 개발자(?) 1명, 편집 디자인을 위주로 작업한 디자이너 1명, 문화 기획 대학원을 졸업한 기획자 1명이 키즈가오 외주 작업에 투입되었다. 그나마 광고회사에서 웹 사이트 기획을 경험한 필자를 빼면 웹 제작 경험이 전혀 없는 사람이 모인 셈이다. 이렇게 모인 사람들이 우여곡절을 거치며 만든 첫 사이트가 키즈가오이다. 덕분에 기획자나 디자이너와 소통하는 방법, 웹 사이트를 제작할 때 고려해야 할 요소, HTML과 CSS 코드를 활용하는 방법 등 책에서는 결코 배울 수 없는 상황별 대처 방법을 몸으로 익힐 수 있었다.

제작 기간은 기획, 디자인, 개발까지 약 4개월이 걸렸다. 사이 사이에 기획과 디자인 시안 변경, 클라이언트 요청 사항으로 코드를 스무 번 넘게 수정해야 했다. position 속성의 상관관계나 float 속성을 사용할 때 주의해야 할 사항 등 기존 개발서나 블로그에서는 소개하지 않은 내용을 스무 번이 넘는 수정 경험 덕분에 몸으로 배울 수 있었다.

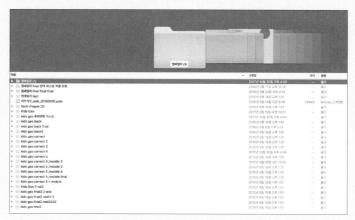

▲ 스무 번 넘게 수정 작업을 한 correct, real, final 폴더

이 책에서 소개한 모든 HTML과 CSS 개념은 키즈가오 웹 사이트를 제작하면서 몸으로 익힌 내용이다. 지금이야 좋은 경험이었다고 웃으며 말할 수 있지만 당시에는 모든 개발 문제를 스스로 해결해야 했기에 부담감이 이루 말할 수 없었다.

특히 이번 시간에 소개한 introWrap 서랍장을 아래로 내리는 작업에만 자그마치 사흘이 걸렸다. 부모 자식 간에 발생하는 마진 병합 현상은 분명 처음 HTML과 CSS를 학습할 때 생활코딩이나 기타 블로그에서 배운 내용이었다. 하지만 막상 실전에서 문제가 생겼을 때는 떠오르지 않았다. 문제를 해결하기 위해 여러 개발자 커뮤니티에 질문을 올렸고 사흘이 지난 후에야 비로소 어느 개발자의 조언 덕분에 병합 현상을 떠올릴 수 있었고 그제서야 문제를 해결할 수 있었다.

이번 시간에 배운 내용은 웹 사이트 레이아웃을 작업할 때 자주 마주치는 현상들이다. 꼭 여러 번 반복해서 학습하여 머리와 몸으로 기억해 두길 바란다.

# 키즈가오 농장 레이아웃 만들기

지난 시간에 배운 인트로 제작에 이어 이번 시간에는 farm1, farm2, farm3 공간에 대한 레이아웃 작업을 진행하겠습니다. farm1 공간에는 농부, farm2 공간에는 허수아비, farm3 공간에는 기계가 나오도록 지정했습니다. 작업 분량이 많고 레이아웃이 복잡해 보이지만 intro 공간 작업 방식과 유사한 부분이 많으므로 충분히 따라올 수 있을 것입니다.

## 1 키즈가오 farm1 레이아웃 작업

그림 13-1 키즈가오 farm1 디자인 결과물

farm1 공간은 이미지가 서로 겹치는 영역이 많다 보니 신경써서 작업해야 합니다. farm1 공간은 왼쪽에는 벼와 키즈가오 설명 글, 중간에는 농부, 왼쪽에는 벼가 위치합니다.

양쪽 벼는 브라우저 끝에 위치합니다(Day 12에서 양쪽 구름을 배치했던 방식을 적용하면 됩니다). 설명 글 영역은 다른 이미지보다 앞에 위치하도록 z-index 속성값을 다른 이미지 보다 높게 입력해야 합니다.

**예제 소스** Exercise/13장/KidsGao/index.html

```
<!-- Farm1 Section -->
<div id="farm1">                          ❶

    <div class="leftRice1"></div>          ❷
    <div class="farmer"></div>
    <div class="rightRice1"></div>


<!-- FarmSpeechWrap: 설명 글과 이미지 정보를 담고 있는 서랍장입니다. -->
<!-- FarmSpeechWrap -->
<div class="farmSpeechWrap">          ❸

    <!-- 정보를 갖고 있는 이미지는 <img> 태그를 사용합니다. -->
    <img src="img/farm/farm1/farmspeech.png" alt="우리쌀 점토">
    <p class="farmSpeech">
        식재료만 넣은 안전한<br>
        우리쌀 점토 키즈가오는<br>
        우리쌀을 사용하여 만들어요. <br>
        화학 물질을 사용하지 않고, <br>
        식재료를 사용해서 만든 <br>
        안전한 제품이랍니다.
    </p>
</div>
</div>
```

**TIP** 키즈가오 프로젝트는 Day 12에서 작업한 파일에 이어서 작업합니다.

❶ `<div id="farm1">` 태그를 사용하여 farm1 배경 이미지를 삽입할 큰 공간을 만듭니다.

❷ 양쪽 벼와 농부 이미지가 들어갈 `<div class="leftRice1">`, `<div class="farmer">`, `<div class="rightRice1">` 영역을 만듭니다. `<main>`과 `<section>` 태그로 공간을 만들기에는 해당 공간에 들어가 있는 정보가 위 두 태그의 사용 조건을 충족시키지 못하므로 `<div>` 태그로 큰 공간을 만들기도 합니다.

❸ `<div class="farmSpeechWrap">` 서랍장을 만들고 '우리쌀 점토' 이미지와 키즈가오 제품 소개 정보를 입력합니다. 앞서 언급했듯이 이미지는 크게 정보성 이미지와 장식용 이미지로 구분됩니다. 웹 접근성을 고려하여 정보성 이미지를 시각장애인에게 전달하려면 `<img>` 태그를 사용해야 합니다. 장식용 이미지는 보통 웹 사이트를 꾸미기 위해 사용하므로 background-image 속성을 사용합니다. '우리쌀 점토' 이미지는 정보성 이미지이므로 여기서는 `<img>` 태그를 사용하는 것이 좋습니다.

다음으로 CSS 레이아웃 작업을 진행하겠습니다.

**예제 소스** Exercise/13장/KidsGao/css/style.css

```
/*******************
*** Farm1 ***
*******************/
#farm1 {
    position: relative; ❶ /* farm1 공간을 2차원, 3차원 특징으로 변경합니다. */
    width: 100%;
    height: 800px;
    background-image: url(../img/farm/farm1/farm1_bg.png);
}

/* 좌우 배치 작업을 할 때 absolute 속성값이 적용된 영역에서는 left: 0을 생략할 수 있습니다. */
#farm1 .leftRice1 {
    position: absolute; ❷ /* 왼쪽 벼를 3차원 특징으로 변경합니다. */
    width: 390px;
    height: 670px;
    background-image: url(../img/farm/farm1/leftrice.png);
}
```

```css
#farm1 .farmer {
    position: absolute; /* 농부를 3차원 특징으로 변경합니다. */
    width: 747px;
    height: 1078px;
    background-image: url(../img/farm/farm1/farmer.png);
    left: 50%; /* 왼쪽에서 50% 지점에 배치합니다. */
    margin-left: -310px; /* 왼쪽에서 -310px 떨어진 지점에 배치합니다. */
}

#farm1 .rightRice1 {
    position: absolute; ❸ /* 오른쪽 벼를 3차원 특징으로 변경합니다. */
    width: 335px;
    height: 570px;
    background-image: url(../img/farm/farm1/rightrice.png);
    right: 0; /* farm1 공간을 기준으로 오른쪽 끝에 배치합니다. */
    margin-top: 100px;
}

/* 마진 병합 현상을 막기 위해 margin-top 속성 대신 top 속성을 사용합니다. */
#farm1 .farmSpeechWrap {
    position: relative; /* farmSpeechWrap 서랍장을 2차원, 3차원 특징으로 변경합니다. */
    top: 250px; ❹ /* 상단에서 250px 떨어진 지점에 배치합니다. */
    left: 150px;
}

/* "식재료만 넣은 ~" 텍스트 스타일을 변경합니다. */
#farm1 .farmSpeechWrap .farmSpeech {
    color: #895C2F;
    font-size: 18px;
    line-height: 27px; /* 글자의 위아래 간격을 27px로 조정합니다. */
}
```

❶ 먼저 배치 작업을 원활하게 하기 위해 farm1 공간에는 relative 속성값을 적용합니다. farm1 공간 안의 자식은 브라우저 창의 너비를 줄이면 이미지와 설명 글 공간이 서로 겹칩니다. 따라서 3차원 특징을 가진 absolute 속성값과 2차원과 3차원 특징을 모두 가진 relative 속성값을 적절히 활용하면서 배치 작업을 진행합니다.

❷ ❸ 양쪽 벽은 브라우저 창의 너비를 줄이더라도 항상 레이아웃을 유지해야 하므로 float 속성 대신 absolute 속성값과 right 속성을 적용합니다(intro 공간에서 좌우에 구름을 배치했던 공식을 적용하면 됩니다).

❹ .farmSpeechWrap 서랍장은 부모 자식 간에 발생하는 마진 병합 현상을 막기 위해 top 속성과 left 속성으로 배치 작업을 진행합니다. top 속성 대신 margin-top 속성을 적용하면 마진 병합 현상이 발생합니다.

**그림 13-2 farm1 실행 결과**

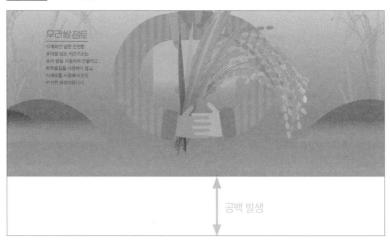

결과를 보면 farm1 공간 하단에 공백이 넓게 나타납니다. 현재 farm1 공간의 전체 높이보다 농부 이미지의 높이가 크기 때문입니다.

그림 13-3 농부 이미지의 높이가 1078픽셀이므로 farm1 공간의 높이인 800픽셀보다 크다

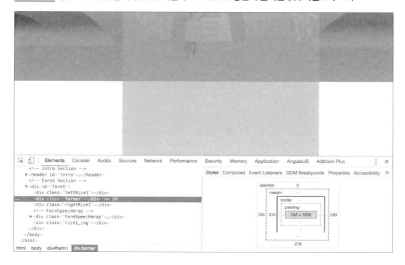

이는 farm2 공간을 작업하다 보면 자연스럽게 해결됩니다. 디자이너는 이미지를 제작할 때 되도록이면 다른 영역에 이미지가 침범하지 않도록 이미지 크기를 조정하는 것이 좋습니다.

## 2 키즈가오 farm2 레이아웃 작업

그림 13-4 키즈가오 farm2 디자인 결과물

farm2 공간에는 왼쪽 벼, 오른쪽 벼, 허수아비 등 이미지가 총 세 개 위치합니다. 다른 영역보다 정보가 적고 레이아웃도 단순합니다. 따라서 서랍장 없이 작업해도 괜찮습니다.

예제 소스 Exercise/13장/KidsGao/index.html

```
/*******************
*** Farm2 ***
*******************/
<div id="farm2">
    <div class="leftRice2"></div>
    <div class="scarecrow"></div>
    <div class="rightRice2"></div>
</div>
```

이전 영역과 달리 introWrap이나 farmSpeechWrap과 같은 서랍장을 만들지 않고 양쪽 벼와 허수아비가 들어갈 <div class="leftRice2">, <div class="rightRice2">, <div class="scarecrow"> 영역을 생성합니다.

farm2 공간은 사용되는 이미지가 많지 않으므로 자유롭게 배치 작업을 진행해도 괜찮습니다.

예제 소스 Exercise/13장/KidsGao/css/style.css

```
/*******************
*** Farm2 ***
*******************/
#farm2 {
    width: 100%;     /* farm2 공간의 너비는 브라우저 창의 너비(가변값)로 설정합니다. */
    height: 850px; /* farm2 공간의 높이는 850px로 설정합니다. */
    background-image: url(../img/farm/farm2/farm2_bg.png); /* farm2 공간의 배경
    이미지를 삽입합니다. */
}


#farm2 .leftRice2 {
```

```
        width: 250px;

        height: 850px;

        background-image: url(../img/farm/farm2/leftrice2.png);

        /* 레이아웃이 틀어지는 현상을 막고 싶다면 absolute, left: 0을 적용합니다. */

        float: left;      ❷ /* 왼쪽 벼를 왼쪽 끝에 배치합니다. */
    }


#farm2 .scarecrow{

        position: absolute;      ❶ /* 허수아비를 3차원 특징으로 변경합니다. */

        width: 103px;

        height: 206px;

        background-image: url(../img/farm/farm2/scarecrow.png);

        /* 3차원 성격을 가진 absolute는 부모 자식 간의 마진 병합 현상이 일어나지 않습니다. */

        margin: 200px 0 0 300px;
    }


#farm2 .rightRice2 {

        width: 236px;

        height: 850px;

        background-image: url(../img/farm/farm2/rightrice2.png);

        /* 레이아웃이 틀어지는 현상을 막고 싶다면 absolute, right: 0을 적용합니다. */

        float: right;      ❸ /* 오른쪽 벼를 오른쪽 끝으로 배치합니다. */
    }
```

❶ 허수아비 이미지는 마진 병합 현상이 발생하지 않도록 absolute 속성값을 적용합니다.

❷ ❸ 양쪽 벼는 float 속성을 사용하여 좌우 배치 작업을 진행합니다.

현재 코드에서는 브라우저 창의 너비를 줄이면 오른쪽 벼가 아래로 내려가는 현상이 발생합니다. 레이아웃이 틀어지는 현상을 막고 싶다면 양쪽 벼에 각각 absolute 속성값과 함께 left: 0과 right: 0을 적용합니다.

**그림 13-5 키즈가오 farm3 디자인 결과물**

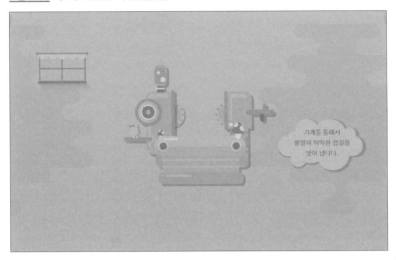

farm3 공간에는 창문, 기계를 구성하는 부품, 말풍선이 배치되어 있습니다. 지금까지 진행한 다른 공간에 비해 이미지 양이 많아 어떤 방식으로 작업해야 할지 몰라 당황스러울 수 있습니다. position 속성과 z-index 속성의 주요 개념만 잘 숙지했다면 생각보다 어렵지 않게 배치 작업을 할 수 있으므로 걱정하지 않아도 됩니다.

farm3 공간은 창문, 기계를 감싸고 있는 서랍장, 말풍선 등 크게 세 개 영역으로 설계 도면 작업을 진행합니다.

**예제 소스 Exercise/13장/KidsGao/index.html**

```
<!-- Farm3 Section -->
<div id="farm3">
    <div class="farm3Window"></div>

    <!-- machineWrap: 기계를 구성하는 이미지 여섯 개를 담을 서랍장을 만듭니다. -->
    <!-- machineWrap -->
```

```
<div class="machineWrap">                          ①
    <div class="machine1"></div>
    <div class="sawShadow"></div>
    <div class="saw1"></div>
    <div class="saw2"></div>
    <div class="machineBird"></div>
    <div class="timer"></div>
</div>

<!-- 정보성 이미지는 <img> 태그를 사용합니다. -->
<img class="farm3Bubble" src="img/farm/farm3/farm3bubble.png" alt="기계
를 이용해 쌀알의 딱딱한 껍실을 벗겨 냅니다.">     ②
</div>
```

① <div class="machineWrap"> 서랍장 안에 기계, 톱니바퀴 두 개, 톱니바퀴 그림자, 새, 타이머 등 이미지 여섯 개를 삽입할 영역을 만듭니다.

② 정보성 이미지인 말풍선은 웹 접근성을 고려하여 <img> 태그를 사용합니다.

farm3 공간의 디자인 작업은 machineWrap 서랍장과 서랍장 안에 넣을 이미지 여섯 개를 중심으로 살펴보겠습니다.

예제 소스 Exercise/13장/KidsGao/css/style.css

```
/*******************
*** Farm3 ***
*******************/
#farm3 {
    width: 100%;   /* farm3 공간의 너비는 브라우저 창의 너비(가변값)로 설정합니다. */
    height: 850px; /* farm3 공간의 높이는 850px로 설정합니다. */
    background-image: url(../img/farm/farm3/farm3_bg.png); /* farm3 공간의 배경
    이미지를 삽입합니다. */
}
```

```
#farm3 .farm3Window{
    position: absolute; /* 창문을 3차원 특징으로 변경합니다. */
    width: 247px;
    height: 169px;
    background-image: url(../img/farm/farm3/window.png);
    margin: 100px 0 0 100px; /* 상단에서 100px, 왼쪽에서 100px 떨어진 지점에 배치합니다. */
}

#farm3 .machineWrap {
    position: relative;   /* 기계를 감싸는 서랍장을 2차원, 3차원 특징으로 변경합니다. */
    width: 600px;
    height: 455px;
    top: 150px; /* 상단에서 150px 떨어진 지점에 배치합니다. */
    /* left, margin-left 속성의 중앙 정렬 공식으로 배치 작업을 진행합니다. */
    left: 50%;
    margin-left: -285px;
}
```

machineWrap 서랍장의 내부를 원활하게 배치하기 위해 relative 속성값으로 안전장치를 걸어 둡니다. left와 margin-left 속성의 중앙 정렬 공식을 사용하여 브라우저를 기준으로 가운데에서 오른쪽으로 약간 치우치도록 배치합니다.

sawShadow, saw1, saw2는 각각 톱니바퀴 그림자와 톱니바퀴 두 개입니다. timer는 기계 위에서 동작하는 시계이고 machineBird는 기계 위에 앉아 있는 새입니다.

각 이미지에는 마진 병합 현상을 막고 z-index 속성을 사용할 수 있도록 absolute 속성값을 적용합니다. timer와 machineBird 영역은 기계보다 위에 배치되어야 하므로 z-index의 속성값을 machine1 영역의 z-index의 속성값보다 큰 값으로 입력합니다.

예제 소스 Exercise/13장/KidsGao/css/style.css

```
#farm3 .machineWrap .machine1 {
    position: absolute; /* 기계를 3차원 특징으로 변경합니다. */
```

```
    width: 586px;

    height: 455px;

    background-image: url(../img/farm/farm3/machine1.png);

    z-index: 900; /* z축을 900으로 조정합니다. */
}


#farm3 .machineWrap .sawShadow {

    position: absolute; /* 톱니바퀴 그림자를 3차원 특징으로 변경합니다. */

    width: 95px;

    height: 95px;

    background-image: url(../img/farm/farm3/sawshadow.png);

    margin: 145px 0 0 145px; /* 상단에서 145px, 왼쪽에서 145px 떨어진 지점에 배치합니다. */
}


#farm3 .machineWrap .saw1,
#farm3 .machineWrap .saw2 {

    position: absolute; /* 톱니바퀴를 3차원 특징으로 변경합니다. */

    width: 95px;

    height: 95px;

    background-image: url(../img/farm/farm3/saw.png);
}


#farm3 .machineWrap .saw1 {

    margin: 140px 0 0 140px; /* 왼쪽 톱니바퀴를 상단에서 140px, 왼쪽에서 140px 떨어진 지점에
    배치합니다. */
}


#farm3 .machineWrap .saw2 {

    margin: 140px 0 0 350px; /* 오른쪽 톱니바퀴를 상단에서 140px, 왼쪽에서 350px 떨어진 지점에
    배치합니다. */
}


#farm3 .machineWrap .timer {

    position: absolute; /* 타이머를 3차원 특징으로 변경합니다. */
```

```
        width: 103px;

        height: 104px;

        background-image: url(../img/farm/farm3/second.png);

        margin: 125px 0 0 45px;

        z-index: 999; /* z축을 999로 조정합니다. */

    }


    #farm3 .machineWrap .machineBird {

        position: absolute; /* 새를 3차원 특징으로 변경합니다. */

        width: 44px;

        height: 49px;

        background-image: url(../img/farm/farm3/machinebird.png);

        margin: 220px 0 0 20px;

        z-index: 999; /* z축을 999로 조정합니다. */

    }
```

마지막으로 말풍선은 float: right;으로 지정하여 브라우저 오른쪽 끝으로 이동시키고
top과 margin-right 속성으로 위치를 조정합니다.

예제 소스 Exercise/13장/KidsGao/css/style.css

```
    #farm3 .farm3Bubble {

        position: relative; /* 말풍선을 2차원, 3차원 특징으로 변경합니다. */

        float: right; /* 오른쪽 끝으로 배치합니다. */

        top: -100px;    /* 상단에서 -100px 떨어진 지점에 배치합니다. */

        margin-right: 80px; /* 오른쪽에서 80px 떨어진 지점에 배치합니다. */

    }
```

## ④ 문제: 키즈가오 포레스트 레이아웃 작업

farm1, farm2, farm3 공간 배치 작업을 무리 없이 마쳤다면 그림 13-6을 참고하여 forest1, forest2, forest3 공간 작업을 여러분이 직접 진행해 보세요.

그림 13-6 키즈가오 forest1/forest1/forest3 디자인 결과물

forset1 공간은 토끼, forest2 공간은 기계, forest3 공간은 새가 나오는 부분입니다. id 와 class 속성에는 원하는 속성값을 입력하면 됩니다.

> **TIP** 지금까지 배운 내용을 온전히 여러분의 것으로 만들려면 레이아웃 작업을 스스로 해 봐야 합니다. 레이아웃 작업을 마쳤다면 정답과 비교해 보세요.

## 정답 키즈가오 forest1 레이아웃 작업

**그림 13-7** 키즈가오 forest1 디자인 결과물

forest1 공간에는 양쪽 끝에 나무가 있고 오른쪽 나무에는 토끼 두 마리가 보입니다. 오른쪽 영역에는 유지 보수를 위해 토끼 두 마리와 오른쪽 나무를 담는 treeWrap 서랍장을 만듭니다.

**예제 소스** Exercise/13장/KidsGao/index.html

```html
<!-- Forest1 Section -->
<div id="forest1">
    <div class="leftTree"></div>
    <!-- treeWrap: 토끼와 나무 이미지를 담는 서랍장입니다. -->
    <!-- treeWrap -->
    <div class="treeWrap">
        <div class="rabbit1"></div>
        <div class="rabbit2"></div>
        <div class="rightTree"></div>
    </div>
</div>
```

Day 09의 z-index 내용에서 언급했듯이 형제간이 3차원 특징을 갖고 있으면 서로 겹쳐진 형태로 출력됩니다. 이 원리를 이용하면 형제 공간이 x축으로 정렬되는 레이아웃을 만들 수 있습니다. leftTree 영역에 absolute 속성값, treeWrap 서랍장에 float 속성을 사용하면 3차원 특징으로 바뀌면서 겹쳐진 형태로 출력됩니다.

예제 소스 Exercise/13장/KidsGao/css/style.css

```
/*******************
*** forest1 ***
*******************/
#forest1 {
    width: 100%;
    height: 1050px;
    background-image: url(../img/forest/forest1/forest1_bg.png);
    /* forest1 공간의 배경 이미지를 삽입합니다. */
}

#forest1 .leftTree {
    position: absolute; /* 왼쪽 나무를 3차원 특징으로 변경합니다. */
    width: 332px;
    height: 990px;
    background-image: url(../img/forest/forest1/lefttree.png);
}

#forest1 .treeWrap {
    position: relative; /* 오른쪽 나무 서랍장을 2차원, 3차원 특징으로 변경합니다. */
    width: 304px;
    height: 572px;
    top: 100px; /* 상단에서 100px 떨어진 지점에 배치합니다. */
    float: right; /* forest1 공간을 기준으로 오른쪽 끝에 배치합니다. 3차원 특징 일부를 갖게 됩니다. */
}

#forest1 .treeWrap .rabbit1 {
    position: absolute; /* 큰 토끼를 3차원 특징으로 변경합니다. */
    width: 82px;
```

```
        height: 103px;

        background-image: url(../img/forest/forest1/rabbit1.png);

        margin: 435px 0 0 107px; /* 상단에서 435px, 왼쪽에서 107px 떨어진 지점에 배치합니다. */
}


#forest1 .treeWrap .rabbit2 {

        position: absolute; /* 작은 토끼를 3차원 특징으로 변경합니다. */

        width: 56px;

        height: 75px;

        background-image: url(../img/forest/forest1/rabbit2.png);

        margin: 435px 0 0 200px; /* 상단에서 435px, 왼쪽에서 200px 떨어진 지점에 배치합니다. */
}


#forest1 .treeWrap .rightTree {

        position: absolute; /* 오른쪽 나무를 3차원 특징으로 변경합니다. */

        width: 304px;

        height: 572px;

        background-image: url(../img/forest/forest1/righttree.png);
}
```

## 정답 키즈가오 forest2 레이아웃 작업

**그림 13-8** 키즈가오 forest2 디자인 결과물

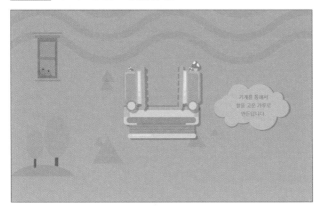

forest2 공간은 farm3 공간의 레이아웃 구조와 비슷합니다. 왼쪽에는 개구리와 나무, 중앙에는 기계, 오른쪽에는 말풍선이 배치되어 있습니다.

중앙에 있는 기계는 machineWrap2 서랍장으로 만들어 기계 본체, 왼쪽 부품, 오른쪽 부품을 배치합니다.

예제 소스 Exercise/13장/KidsGao/index.html

```html
<!-- Forest2 Section -->
<div id="forest2">
    <div class="frog"></div>
    <!-- MachineWrap2 : 기계 부품 이미지를 담는 서랍장입니다. -->
    <!-- MachineWrap2 -->
    <div class="machineWrap2">
        <div class="machineBottom"></div>
        <div class="machineLeft"></div>
        <div class="machineRight"></div>
    </div>
    <div class="forestBubble"></div>
    <div class="forest2Tree"></div>

</div>
```

이 예제에서는 왼쪽 나무와 오른쪽 말풍선을 배치하기 위해 float 속성을 사용했습니다. 지금까지 연습한 좌우 배치 공식을 활용하여 다른 방법으로도 배치해 보세요.

예제 소스 Exercise/13장/KidsGao/css/style.css

```css
/********************
*** forest2 ***
********************/
#forest2 {
    width: 100%;
    height: 750px;
```

```
        background-image: url(../img/forest/forest2/forest2_bg.png);  /* forest2 공간
의 배경 이미지를 삽입합니다. */
    }


    #forest2 .frog {
        position: absolute;  /* 개구리를 3차원 특징으로 변경합니다. */
        width: 153px;
        height: 257px;
        background-image: url(../img/forest/forest2/frog.png);
        margin: 50px 0 0 100px;  /* 상단에서 50px, 왼쪽에서 100px 떨어진 지점에 배치합니다. */
    }


    #forest2 .machineWrap2 {
        position: relative;  /* 기계 서랍장을 2차원, 3차원 특징으로 변경합니다. */
        width: 400px;
        height: 400px;
        top: 180px;  /* 상단에서 180px 떨어진 지점에 배치합니다. */
        left: 50%;
        margin-left: -180px;
    }


    #forest2 .machineWrap2 .machineBottom {
        position: absolute;  /* 기계의 하단 부품을 3차원 특징으로 변경합니다. */
        width: 374px;
        height: 162px;
        background-image: url(../img/forest/forest2/machinebottom.png);
        margin-top: 220px;
        z-index: 200;  /* z축을 200으로 조정합니다. */
    }


    #forest2 .machineWrap2 .machineLeft {
        position: absolute;  /* 기계의 왼쪽 부품을 3차원 특징으로 변경합니다. */
        width: 123px;
        height: 228px;
```

```css
        background-image: url(../img/forest/forest2/machineleft.png);
        margin-top: 30px;
        z-index: 200; /* z축을 200으로 조정합니다. */
}


#forest2 .machineWrap2 .machineRight {
        position: absolute; /* 기계의 오른쪽 부품을 3차원 특징으로 변경합니다. */
        width: 123px;
        height: 248px;
        background-image: url(../img/forest/forest2/machineright.png);
        margin: 10px 0 0 260px;
        z-index: 200; /* z축을 200으로 조정합니다. */
}


#forest2 .forestBubble {
        position: relative; /* 말풍선을 2차원, 3차원 특징으로 변경합니다. */
        width: 365px;
        height: 220px;
        background-image: url(../img/forest/forest2/forestbubble.png);
        top: -100px; /* 상단에서 -100px 떨어진 지점에 배치합니다. */
        float: right; /* 오른쪽 끝에 배치합니다. */
        margin-right: 100px; /* 오른쪽에서 100px 떨어진 지점에 배치합니다. */
}


#forest2 .forest2Tree {
        position: relative; /* 나무를 2차원, 3차원 특징으로 변경합니다. */
        width: 304px;
        height: 282px;
        background-image: url(../img/forest/forest2/forest2tree.png);
        top: 50px; /* 상단에서 50px 떨어진 지점에 배치합니다. */
        float: left; /* 왼쪽 끝에 배치합니다. */
}
```

키즈가오 forest3 레이아웃 작업

그림 13-9 키즈가오 forest3 디자인 결과물

forest3 공간에는 나무, 큰 새, 작은 새 이미지가 배치되어 있습니다. 이미지 세 개가 모두 오른쪽 영역 끝에 있습니다. 유지 보수를 원활하게 할 수 있도록 이미지 세 개를 서랍장에 담아서 관리하는 것이 좋습니다.

먼저 나무, 큰 새, 작은 새 이미지를 담는 forest3Wrap 서랍장을 만듭니다.

예제 소스 Exercise/13장/KidsGao/index.html

```
<!-- Forest3 Section -->
<div id="forest3">
    <!-- forest3Wrap: 나무와 새 이미지를 담는 사랍장입니다. -->
    <!-- forest3Wrap -->
    <div class="forest3Wrap">
        <div class="forest3Tree"></div>
        <div class="smallBird"></div>
        <div class="bigBird"></div>
    </div>
</div>
```

smallBird 영역은 top과 left 속성, bigBird 영역은 margin 속성으로 좌표를 조정합니다. 지금처럼 부모가 relative 속성값인 상태이고 자식에게 absolute 속성값을 적용하면 좌표 기준점이 항상 부모를 기준으로 설정됩니다. 즉, 이 코드에서는 자식에게 top과 margin-top 속성 중 어느 것을 사용하더라도 같은 결과가 출력됩니다. 이 설명이 잘 이해되지 않는다면 position 속성을 다시 한 번 살펴보세요.

**예제 소스** Exercise/13장/KidsGao/css/style.css

```css
/*******************
*** forest3 ***
*******************/
#forest3 {
    width: 100%;
    height: 600px;
    background-image: url(../img/forest/forest3/forest3_bg.png);
    /* forest3 공간의 배경 이미지를 삽입합니다. */
}

#forest3 .forest3Wrap {
    position: relative; /* forest3Wrap 서랍장을 2차원, 3차원 특징으로 변경합니다. */
    width: 354px;
    height: 440px;
    top: 100px; /* 상단에서 100px 떨어진 지점에 배치합니다. */
    float: right; /* 오른쪽 끝에 배치합니다. */
}

/* forest3Tree, smallBird, bigBird 영역 모두 relative 속성값을 적용한 forest3Wrap을 기준으로 좌표가 형성됩니다. */
#forest3 .forest3Wrap .forest3Tree {
    position: absolute; /* 나무를 3차원 특징으로 변경합니다. */
    width: 354px;
    height: 440px;
    background-image: url(../img/forest/forest3/forest3tree.png);
}

#forest3 .forest3Wrap .smallBird {
    position: absolute; /* 작은 새를 3차원 특징으로 변경합니다. */
    width: 40px;
    height: 35px;
```

```
        background-image: url(../img/forest/forest3/bird_sm.png);
        top: 120px; /* forest3Wrap 서랍장을 기준으로 상단에서 120px 떨어진 지점에 배치합니다. */
        left: 125px; /* forest3Wrap 서랍장을 기준으로 왼쪽에서 125px 떨어진 지점에 배치합니다. */
    }

    #forest3 .forest3Wrap .bigBird {
        position: absolute; /* 큰 새를 3차원 특징으로 변경합니다. */
        width: 83px;
        height: 80px;
        background-image: url(../img/forest/forest3/bird_big.png);
        margin: 280px 0 0 94px; /* 상단에서 280px, 왼쪽에서 94px 떨어진 지점에 배치합니다. */
    }
```

이번 시간에는 position과 float 속성의 개념을 여러 번 사용했다. 아직도 position 속성의 속성값이 갖는 주요 특징이 헷갈린다면 다음 표를 차분히 살펴보길 바란다.

| | 차원 | 부모 자식 간에 발생하는 마진 병합 현상 | top, right, bottom, left 적용 | 자식의 높이 값이 부모에게 미치는 영향 | z-index 적용 |
|---|---|---|---|---|---|
| static | 2차원 | O | X | O | X |
| fixed | 3차원 | X | O | X | O |
| relative | 2차원, 3차원 | O | O | O | O |
| absolute | 3차원 | X | O | X | O |

부모-자식 간에 발생하는 경우의 수를 모두 살펴봤다면 형제간에 발생하는 경우의 수도 살펴보는 것이 좋다. 형제간의 주요 특징은 차원을 기준으로 레이어가 겹치는 현상이 발생하는지를 중심으로 살펴보면 된다. 이 공식은 3차원 특징을 일부 갖고 있는 float 속성에도 똑같이 적용된다.

| | 차원 | 레이어가 겹치는 현상 |
|---|---|---|
| 첫 번째 형제 | 2차원 | X |
| 두 번째 형제 | 2차원 또는 3차원 | |

| | 차원 | 레이어가 겹치는 현상 |
|---|---|---|
| 첫 번째 형제 | 3차원 | O |
| 두 번째 형제 | 2차원 또는 3차원 | |

반복해서 말하지만 웹 사이트 레이아웃 작업을 원활하게 진행하려면 부모-자식 간, 형제간의 position과 float 속성의 특징을 모두 살펴보는 것이 중요하다. 이 특징을 파악하지 못하면 결코 자신이 원하는 방식으로 레이아웃 작업을 진행할 수 없다.

# 키즈가오 사이언스
# 레이아웃 만들기

이번 시간에는 science 공간에 대한 레이아웃 작업을 진행하겠습니다. science 공간에서는 키즈가오 제품에 들어가는 주요 성분을 소개합니다. 유지 보수를 효과적으로 하려면 서랍장을 어떻게 만들어야 할지 생각해 보세요.

 **키즈가오 science 레이아웃 작업**

그림 14-1 **키즈가오 science 디자인 결과물**

science 공간 왼쪽에는 자초·어성초·감초, 오른쪽에는 글리세린·올리브유에 대한 설명이 적혀 있습니다. 각 소개 문구 위에는 비커가 배치되어 있습니다. 중앙에는 자주색 깔때기와 비구름처럼 보이는 증기가 정렬되어 있습니다. 여기에서는 왼쪽, 중앙, 오른쪽으로 3등분하여 서랍장을 총 세 개 만든 다음 레이아웃 배치 작업을 진행하겠습니다.

먼저 설명 글과 이미지를 모두 담을 scienceWrap 서랍장을 생성합니다. 서랍장 안에는 왼쪽, 중앙, 오른쪽 영역의 정보를 담을 서랍장을 세 개(scienceLeftWrap, scienceCenterWrap, scienceRightWra) 더 만듭니다.

**그림 14-2** 키즈가오 science 서랍장 구조

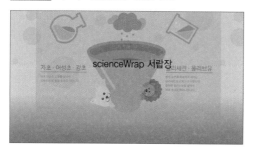 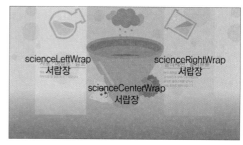

**예제 소스** Exercise/14장/KidsGao/index.html

```html
<!-- Science Section -->
<div id="science">

    <!-- scienceWrap: 서랍장 세 개를 모두 담는 가장 큰 서랍장 -->
    <!-- scienceWrap -->
    <div class="scienceWrap">
        <!-- scienceLeftWrap: 왼쪽 서랍장 -->
        <div class="scienceLeftWrap">
            <div class="gly"></div>

            <!-- 정보성 이미지에는 <img> 태그를 사용합니다. -->
            <img src="img/science/leftTitle.png" alt="자초, 어성초, 감초">
            <p>
                자초 어성초 감초를 넣어서<br>
                피부진정 및 항염 효과가 있답니다.
            </p>
        </div>

        <!-- scienceCenterWrap: 중앙 서랍장 -->
        <div class="scienceCenterWrap">
```

```
                <div class="purpleSteam"></div>
                <div class="funnelBack"></div>
                <div class="funnelFront"></div>
            </div>


            <!-- scienceRightWrap: 오른쪽 서랍장 -->    ❸
            <div class="scienceRightWrap">
                <div class="water"></div>


                <!-- 정보성 이미지에는 <img> 태그를 사용합니다. -->   ❹
                <img src="img/science/rightTitle.png" alt="글리세린, 올리브유">
                <p>
                    빵의 표면을 촉촉하게 해 주는<br>
                    글리세린과 오메가-9 지방산이<br>
                    풍부한 올리브유를 넣어서<br>
                    보습 효과도 뛰어나답니다.
                </p>
            </div>
        </div>
    </div>
```

❶ scienceLeftWrap 서랍장에는 주황색 비커 이미지, 자초·어성초·감초의 글자 이미지, 해당 성분의 설명을 담습니다. ❷ scienceCenterWrap 서랍장에는 깔때기 전체 이미지와 전면 이미지를 담습니다. ❸ scienceRightWrap 서랍장에는 파란색 비커 이미지, 글리세린·올리브유의 글자 이미지, 해당 성분의 설명을 담습니다. ❹ 이미지로 작업한 성분 텍스트는 웹 접근성을 고려하여 <img> 태그에도 입력합니다.

예제 소스 Exercise/14장/KidsGao/css/style.css

```
/*******************
*** science ***
*******************/
```

```
#science {
    position: relative;
    width: 100%;
    height: 800px;
    background-image: url(../img/science/science_bg.png);
}

#science .scienceWrap {                                                    ❶
    position: relative; /* scienceWrap 서랍장을 2차원, 3차원 특징으로 변경합니다. */
    width: 1066px;
    height: 611px;
    /* left, margin-left 속성의 중앙 정렬 방식으로 배치 작업을 진행합니다. */
    left: 50%;
    margin-left: -533px;
}

#science .scienceWrap .scienceLeftWrap {
    float: left; ❷ /* scienceWrap 서랍장을 기준으로 왼쪽 서랍장을 왼쪽 끝에 배치합니다. */
}

#science .scienceWrap .scienceLeftWrap .gly {
    width: 230px;
    height: 192px;
    background-image: url(../img/science/gly.png); /* 비커 이미지를 삽입합니다. */
    margin-bottom: 130px;  ❸ /* 비커 하단에 130px만큼 공백을 만듭니다. */
    margin-left: 55px;        /* 비커를 왼쪽에서 55px 떨어진 지점에 배치합니다. */
}

#science .scienceWrap .scienceLeftWrap p {
    color: #8E7577;
    font-size: 18px;
    line-height: 26px; /* 왼쪽 서랍장 안의 글자 위아래 간격을 26px로 조정합니다. */ ❹
    padding-top: 10px; /* 글자를 상단에서 10px 떨어진 지점에 배치합니다. */
}
```

❶ 서랍장 세 개를 모두 감싸는 scienceWrap 서랍장의 크기를 지정하고, left와 margin-left 속성을 적용한 중앙 정렬 공식을 사용하여 배치합니다. ❷ scienceLeftWrap 왼쪽 서랍장은 scienceWrap 서랍장을 기준으로 왼쪽 끝에 정렬되도록 float: left;을 사용합니다.

❸ scienceLeftWrap 왼쪽 서랍장 안에 비커와 글자 이미지는 margin과 padding 속성을 적용하여 배치합니다. ❹ <p> 태그에 적용된 line-height 속성은 줄 간격에 영향을 주는 속성입니다.

**그림 14-3 왼쪽 서랍장 배치 결과**

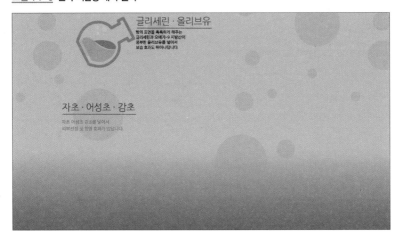

이번에는 scienceCenterWrap 중앙 서랍장을 배치하겠습니다.

**예제 소스** Exercise/14장/KidsGao/css/style.css

```
#science .scienceWrap .scienceCenterWrap {
    float: left; ❶ /* 중앙 서랍장을 왼쪽 서랍장 옆에 배치하기 위해 float: left;을 적용합니다. */
}

#science .scienceWrap .scienceCenterWrap .purpleSteam {
    position: relative; /* 자주색 증기를 2차원, 3차원 특징으로 변경합니다. */
    width: 241px;
    height: 216px;
    background-image: url(../img/science/grape.png);
```

```
        left: 50%;

        margin-left: -120px;                    ──❷

        z-index: 100; /* z축을 100으로 조정합니다. */

    }
```

```
    /* 첫 번째 형제는 3차원 */                                                   ──❸

    #science .scienceWrap .scienceCenterWrap .funnelBack {

        position: absolute; /* 깔때기 전체 이미지를 3차원 특징으로 변경합니다. */

        width: 488px;

        height: 438px;

        background-image: url(../img/science/hopperback.png);

        margin-top: -45px;

    }


    /* 두 번째 형제는 2차원 */

    #science .scienceWrap .scienceCenterWrap .funnelFront {

        position: relative; /* 깔때기 앞면 이미지를 2차원, 3차원 특징으로 변경합니다. */

        width: 485px;

        height: 390px;

        background-image: url(../img/science/hopperfront.png);

        margin-top: 5px;

        margin-left: 2px;

    }
```

❶ 왼쪽 서랍장 바로 옆에 배치되도록 float: left;을 적용합니다. ❷ 자주색 증기 이미지는 purpleSteam 영역에 적용하고 left와 margin-left 속성을 사용하여 중앙에 배치합니다.

❸ funnelBack 영역과 funnelFront 영역에는 깔때기 전체 이미지와 깔때기 앞면 이미지(hopperback.png, hopperfront.png)를 각각 삽입합니다. funnelBack 영역이 funnelFront 영역 뒤에 배치되도록 funnelBack 영역 안에는 absolute 속성값을 적용하고, funnelFront 영역에는 relative 속성값을 적용합니다. 이 작업은 형제간의 2차원, 3차원 특징을 응용한 방식입니다.

그림 14-4 중앙 서랍장 배치 결과

마지막으로 scienceRightWrap 오른쪽 서랍장은 scienceLeftWrap 왼쪽 서랍장을 작업한 방식과 동일하게 진행합니다. 중앙 서랍장과 같은 선상에 위치하도록 float: right;을 적용하고 비커 이미지를 삽입한 다음 설명 글을 디자인합니다.

예제 소스 Exercise/14장/KidsGao/css/style.css

```css
#science .scienceWrap .scienceRightWrap {
    float: right; /* 오른쪽 서랍장을 중앙 서랍장과 나란히 배치하기 위해 float: right;을 적용합니다. */
}

#science .scienceWrap .scienceRightWrap .water {
    width: 204px;
    height: 191px;
    background-image: url(../img/science/water.png); /* 비커 이미지를 삽입합니다. */
    margin-bottom: 130px; /* 비커 하단에 130px만큼 공백을 설정합니다. */
}

#science .scienceWrap .scienceRightWrap p {
    color: #8E7577;
    font-size: 18px;
    line-height: 26px; /* 오른쪽 서랍장 안에 들어갈 설명 글의 위아래 간격을 26px로 조정합니다. */
    padding-top: 10px;
}
```

**그림 14-5** 오른쪽 서랍장 배치 결과

scienceWrap 서랍장 안에 담긴 왼쪽, 중앙, 오른쪽 서랍장에는 모두 float 속성이 적용되어 있습니다. 현재 scienceWrap 서랍장의 너비는 1066px로 설정되어 있습니다.

**그림 14-6** scienceWrap의 너비 = 1066px

float 속성을 사용한 scienceLeftWrap, scienceCenterWrap, scienceRightWrap 서랍장의 너비는 각각 287px, 487px, 292px로 설정되어 있습니다.

### 그림 14-7 scienceLeftWrap의 너비 = 287px

### 그림 14-8 scienceCenterWrap의 너비 = 487px

### 그림 14-9 scienceRightWrap의 너비 = 292px

정리하면 현재 scienceWrap(1066px)의 서랍장 너비는 scienceLeftWrap(287px) + scienceCenterWrap(487px) + scienceRightWrap(292px)와 같은 상태입니다. 서랍장 세 개의 너비를 합한 값이 scienceWrap 서랍장의 너비보다 크면 레이아웃이 틀어지면서 오른쪽 서랍장인 scienceRightWrap이 아래로 밀려납니다.

**그림 14-10** 서랍장 세 개의 너비를 더한 값이 scienceWrap의 너비보다 크면 오른쪽 서랍장이 아래로 밀려남

즉, 고정값을 부모로 가진 영역에 float 속성을 자식으로 사용하는 경우에는 자식들의 너비 합이 부모의 너비보다 작거나 같아야 레이아웃이 유지됩니다.

## 2 문제: 키즈가오 밤낮 레이아웃 작업

지금부터 night1, night2, morning 공간 레이아웃 작업을 진행해 보세요. night1 공간에는 부엉이, night2 공간에는 달, morning 공간에는 해가 나옵니다.

**그림 14-11** 키즈가오 night1/night2/morning 디자인 결과물

**정답** 키즈가오 night1 레이아웃 작업

**그림 14-12** 키즈가오 night1 디자인 결과물

night1 공간에는 부엉이와 별 세 개가 위치합니다. 별은 유지 보수하기 쉽도록 starWrap 서랍장 안에 모두 담습니다.

예제 소스 Exercise/14장/KidsGao/index.html

```html
<!-- Night1 Section -->
<div id="night1">
    <div class="owl"></div>
    <!-- starWrap: 별 세 개를 담는 서랍장입니다. -->
    <!-- starWrap -->
    <div class="starWrap">
        <div class="star1"></div>
        <div class="star2"></div>
        <div class="star3"></div>
    </div>
</div>
```

starWrap 서랍장을 원활하게 배치할 수 있도록 relative 속성값을 적용합니다. star1, start2, star3 영역은 별 이미지 하나를 사용해서 적용하고, 부모 자식 간에 발생하는 마진 병합 현상을 막기 위해 absolute 속성값을 사용합니다.

예제 소스 Exercise/14장/KidsGao/css/style.css

```css
/*******************
*** Night1 ***
*******************/
#night1 {
    width: 100%;
    height: 700px;
    background-image: url(../img/oneday/night1/night1_bg.png); /* night1 공간의
배경 이미지를 삽입합니다. */
}
```

```
#night1 .owl {
    position: absolute; /* 부엉이를 3차원 특징으로 변경합니다. */
    width: 334px;
    height: 571px;
    background-image: url(../img/oneday/night1/owl.png);
    margin-top: 50px;
}

#night1 .starWrap {
    position: relative; /* starWrap 서랍장을 2차원, 3차원 특징으로 변경합니다. */
    width: 750px;
    height: 400px;
    top: 150px;
    margin-left: 600px;
}

#night1 .starWrap .star1,
#night1 .starWrap .star2,
#night1 .starWrap .star3 {
    position: absolute; /* 별을 3차원 특징으로 변경합니다. */
    width: 53px;
    height: 50px;
    background-image: url(../img/oneday/night1/star1.png);
}

#night1 .starWrap .star1 {
    margin-top: 350px; /* 첫 번째 별은 상단에서 350px 떨어진 지점에 배치합니다. */
}

#night1 .starWrap .star2 {
    margin-left: 650px; /* 두 번째 별은 왼쪽에서 650px 떨어진 지점에 배치합니다. */
}

#night1 .starWrap .star3 {
    margin: 250px 0 0 500px; /* 세 번째 별을 상단에서 250px, 왼쪽에서 500px 떨어진 지점에 배치
합니다. */
}
```

**그림 14-13** 키즈가오 night2 디자인 결과물

말풍선은 정보성 이미지이므로 웹 접근성을 고려하여 〈img〉 태그를 사용합니다.

**예제 소스** Exercise/14장/KidsGao/index.html

```
<div id="night2">
    <div class="moon"></div>
    <!-- 정보성 이미지는 <img> 태그를 사용합니다. -->
    <img class="night2Bubble" src="img/oneday/night2/night2bubble.png" alt
="하루 동안 숙성을 시키게 됩니다.">
    <div class="rightMoonTree"></div>
</div>
```

night2 공간 오른쪽 하단 끝에 나무가 배치되도록 absolute 속성값을 적용하고 right: 0과
bottom: 0을 적용합니다. 이 작업을 진행하기 위해 night2 공간에는 relative 속성값을 적
용합니다. 그럼 night2 공간을 기준으로 rightMoonTree 영역이 오른쪽 아래에 배치됩니다.

**예제 소스** Exercise/14장/KidsGao/css/style.css

```
/*******************
*** Night2 ***
*******************/
```

```
#night2 {
    position: relative;  /* night2 공간을 2차원, 3차원 특징으로 변경합니다. */
    width: 100%;
    height: 800px;
    background-image: url(../img/oneday/night2/night2_bg.png);
    /* night2 공간의 배경 이미지를 삽입합니다. */
}


#night2 .moon {
    width: 135px;
    height: 135px;
    background-image: url(../img/oneday/night2/moon.png);  /* 달 이미지를 삽입합니다. */
}


#night2 .night2Bubble {
    position: absolute;  /* 말풍선을 3차원 특징으로 변경합니다. */
    margin: 300px 0 0 80px;
}


#night2 .rightMoonTree {
    position: absolute;  /* 나무를 3차원 특징으로 변경합니다. */
    width: 243px;
    height: 588px;
    background-image: url(../img/oneday/night2/moontree.png);
    right: 0;  /* night2 공간을 기준으로 오른쪽 끝에 배치합니다. */
    bottom: 0;  /* night2 공간을 기준으로 하단 끝에 배치합니다. */
}
```

night2 공간에 relative 속성값을 적용하지 않으면 나무가 intro 공간까지 올라가 버리므로 주의합니다.

그림 14-14 night2 공간에 relative 속성값을 제거했을 경우

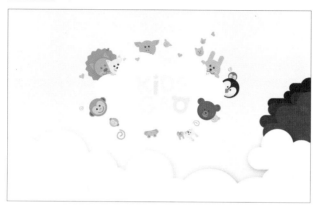

## 정답 키즈가오 morning 레이아웃 작업

그림 14-15 키즈가오 morning 디자인 결과물

morning 공간에는 해, 왼쪽 나무, 오른쪽 나무가 놓여 있습니다. 모든 이미지가 독립적이므로 서랍장을 따로 만들지 않고 설계 도면 작업을 진행합니다.

예제 소스 Exercise/14장/KidsGao/index.html

```
<!-- Morning Section -->
<div id="morning">
    <div class="sun"></div>
    <div class="leftPine"></div>
```

```
        <div class="rightPine"></div>
    </div>
</div>
```

배치 작업이 안전하게 진행되도록 morning 공간에도 relative 속성값을 적용합니다. 왼쪽
나무는 마진 병합 현상이 발생하지 않도록 absolute 속성값을 적용하고 top 속성을 사용합
니다. 오른쪽 나무는 morning 공간을 기준으로 오른쪽 아래에 배치되도록 absolute 속성값
을 적용하고 right: 0과 bottom: 0을 적용합니다.

**예제 소스** Exercise/14장/KidsGao/css/style.css

```
/******************
*** Morning ***
******************/
#morning {
    position: relative; /* morning 공간을 2차원, 3차원 특징으로 변경합니다. */
    width: 100%;
    height: 800px;
    background-image: url(../img/oneday/morning/morning_bg.png);
}

#morning .sun {
    width: 131px;
    height: 131px;
    background-image: url(../img/oneday/morning/sun.png); /* 해 이미지를 삽입합니다. */
}

#morning .leftPine {
    position: absolute; /* 왼쪽 나무를 3차원 특징으로 변경합니다. */
    width: 231px;
    height: 329px;
    background-image: url(../img/oneday/morning/leftpine.png);
    top: 270px; /* morning 공간을 기준으로 왼쪽 나무를 상단에서 270px 떨어진 지점에 배치합니다. */
```

```
    }

#morning .rightPine {

    position: absolute; /* 오른쪽 나무를 3차원 특징으로 변경합니다. */

    width: 294px;

    height: 609px;

    background-image: url(../img/oneday/morning/rightpine.png);

    right: 0; /* morning 공간을 기준으로 오른쪽 끝에 배치합니다. */

    bottom: 0; /* morning 공간을 기준으로 하단 끝에 배치합니다. */

}
```

**기발자의**
**개발**
**노트**

float 속성은 레이아웃 작업을 도와주는 편리한 도구지만 특징을 제대로 이해하지 못하면 오히려 불편한 도구이다. float 속성은 부모의 높이에 영향을 주지 않으며, 부모 자식 간의 마진 병합 현상도 일어나지 않는다. 즉, 3차원 특징을 지닌 position 속성값의 조건 일부가 float 속성에도 적용된다(top, right, bottom, left 사용 제외).

float 속성을 적용한 영역이 고정값(px)을 갖고 있다면 가변값(%)을 가진 부모 요소 안에서는 결코 사용하지 말아야 한다. 이 부분은 Day 12에서 인트로 공간을 작업할 때 간단히 다루었지만 좀 더 구체적으로 알아보자.

우리는 Day 09에서 float와 clear 속성을 사용하여 전통적인 웹 사이트 레이아웃 구조를 간단하게 만들어 보았다. 파란색, 주황색, 빨간색 영역을 x축으로 나란히 정렬시킬 때 float 속성을 사용했던 걸 떠올려 보자.

앞의 그림에서 세 개의 영역은 현재 〈body〉 태그를 부모로 가진다. 〈body〉 태그에는 margin과 padding 속성을 제외한 공간의 크기를 결정하는 어떤 CSS 속성도 입력하지 않았다. 눈으로 봤을 때는 문제가 없어 보이는 레이아웃이지만 브라우저 창의 너비를 좁히면 레이아웃이 틀어지는 문제가 발생한다.

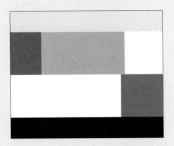

이러한 문제가 발생하는 이유는 인트로 공간에서 좌우에 구름을 배치할 때 이미 살펴보았다. 〈body〉 태그의 너비를 고정값(px)으로 지정하지 않았다면 〈body〉 태그의 너비는 브라우저 창의 너비와 같다. 정리하면 부모 요소의 너비가 가변값(%)을 가지고 float 속성을 적용한 자식 요소가 고정값(px)을 갖는다면 브라우저 창의 너비를 줄였을 때 레이아웃이 틀어지는 문제가 발생한다.

이러한 문제를 해결하려면 부모 요소가 고정값을 갖고 있거나 자식 요소가 가변값을 갖고 있으면 된다. 우리는 이미 science 공간에서 고정값을 가진 부모 요소 안에 float 속성을 적용한 서랍장 세 개를 배치하면서 이러한 특징을 살펴보았다.

웹 사이트 레이아웃 작업 방식을 완벽하게 이해하고 싶다면 position 속성과 함께 float 속성의 주요 특징도 정복하기 바란다.

DAY

# 15 키즈가오 키친 레이아웃 만들기

*HTML5&CSS3 FOR EVERYONE*

이번 시간에는 kitchen 공간 레이아웃 작업을 진행하겠습니다. 해당 영역은 '여러 공정 과정을 거쳐 숙성시킨 반죽을 스팀기로 익혀 주면 점토 형태로 출력된다'는 내용을 담고 있습니다.

## 1  키즈가오 kitchen 레이아웃 작업

그림 15-1 **키즈가오 kitchen 디자인 결과물**

kitchen 공간에는 왼쪽과 오른쪽 싱단에 조리기구, 중앙에 스팀기가 배치되어 있습니다. 스팀기에서 나오는 연기는 스팀기 입구 뒤쪽에 배치해야 합니다. 오른쪽 중앙에는 '숙성을 시킨 반죽을 잘 익혀 주면…'이라는 말풍선이 정렬되어 있습니다.

```
<!-- Kitchen Section -->
<div id="kitchen">
    <div class="leftPan"></div>      ❶
    <div class="rightPot"></div>


    <!-- steamWrap: 스팀기와 연기를 담는 서랍장 -->
    <!-- steamWrap -->
    <div class="steamWrap">          ❷
        <div class="steam"></div>
        <div class="bubble1"></div>
    </div>


    <!-- 정보성 이미지는 <img> 태그를 사용합니다. -->
    <img class="kitchenBubble" src="img/kitchen/kitchenbubble.png" alt="숙
성을 시킨 반죽을 잘 익혀 주면">       ❸


</div>
```

❶ 먼저 왼쪽과 오른쪽 상단에 조리기구를 넣을 영역으로 ⟨div class="leftPan"⟩, ⟨div class="rightPot"⟩을 생성합니다. ❷ ⟨div class="steamWrap"⟩ 서랍장에는 스팀기와 연기를 담습니다. ❸ '숙성을 시킨 반죽을 잘 익혀 주면….' 말풍선 이미지는 정보성 이미지 이므로 ⟨img⟩ 태그를 적용합니다.

```
/*******************
*** Kitchen ***
*******************/
#kitchen {
    position: relative; /* kitchen 공간을 2차원, 3차원 특징으로 변경합니다. */
    width: 100%;
```

```
        height: 800px;
        background-image: url(../img/kitchen/kitchen_bg.png);
}


#kitchen .leftPan {                                                    ①
        float: left; /* 조리기구를 왼쪽 끝에 배치합니다. */
        width: 253px;
        height: 384px;
        background-image: url(../img/kitchen/pan.png);
}


#kitchen .rightPot {
        float: right; /* 냄비를 오른쪽 끝에 배치합니다. */
        width: 243px;
        height: 132px;
        background-image: url(../img/kitchen/pot.png);
}


#kitchen .steamWrap {
        position: relative; /* steamWrap 서랍장을 2차원, 3차원 특징으로 변경합니다. */  ②
        width: 483px;
        height: 457px;
        left: 50%;
        margin-left: -275px;
        top: -100px;

/* leftPan과 rightPot 영역에 float 속성을 사용했으므로 clear 속성으로 float 속성의 기능을 해제합니다. */
        clear: both;
}


#kitchen .steamWrap .steam {
        position: absolute; /* 스팀 기계를 3차원 특징으로 변경합니다. */   ③
        width: 479px;
        height: 457px;
        background-image: url(../img/kitchen/steam.png);
        z-index: 100; /* z축을 100으로 조정합니다. */
}
```

```
#kitchen .steamWrap .bubble1 {
    position: absolute;   /* 스팀 연기를 3차원 특징으로 변경합니다. */  ④
    width: 55px;
    height: 56px;
    background-image: url(../img/kitchen/bubble.png);
    margin-top: 230px;
    z-index: 50; /* z축을 50으로 조정합니다. */
}

#kitchen .kitchenBubble {  ⑤
    position: absolute; /* 말풍선을 3차원 특징으로 변경합니다. */
    right: 0; /* kitchen 공간을 기준으로 오른쪽 끝에 배치합니다. */
    top: 400px; /* kitchen 공간을 기준으로 상단에서 400px 떨어진 지점에 배치합니다. */
}
```

❶ leftPan과 rightPot 영역은 각각 float: left;과 float: right;을 적용하여 왼쪽 끝과 오른쪽 끝에 배치했습니다. ❷ steamWrap 서랍장에는 relative 속성값을 적용하여 안전장치를 미리 걸어 둡니다. ❸, ❹ steam과 bubble1 영역은 z-index 속성을 사용하기 위해 absolute 속성값을 적용하여 배치 작업을 진행합니다. ❺ kitchenBubble 영역은 배치 작업을 쉽게 하기 위해 absolute, right, top 속성을 사용합니다.

잠깐만요

**margin-top 속성을 사용할 경우**

kitchenBubble 영역에서 top 속성이 아닌 margin-top 속성을 사용하면 어떻게 될까요? kitchen Bubble이 만들어지는 최초 위치를 기준으로 좌표가 설정되므로 다음과 같이 레이아웃이 틀어집니다.

# 문제: 키즈가오 컬러 레이아웃 작업

키즈가오 웹 사이트의 마지막 공간인 color1, color2, color3 공간 작업을 진행해 보세요. 펭귄이 나오는 부분이 color1, 버튼 세 개가 나오는 부분이 color2, 키즈가오 로고가 나오는 부분이 color3입니다.

그림 15-2 **키즈가오 color1/color2/color3 디자인 결과물**

color1과 color3 공간은 레이아웃 구조가 단순해서 진행하는 데 무리가 없을 것입니다. 반면 color2 공간은 왼쪽 아래에 콘텐츠가 몰려 있기 때문에 설계 도면 작업을 어떤 방식으로 진행할지 신중히 생각하면서 HTML 설계 도면을 작성해야 합니다.

## 정답 키즈가오 color1 레이아웃 작업

**그림 15-3** 키즈가오 color1 디자인 결과물

color1 공간은 펭귄과 '말랑말랑 키즈가오 완성!'이라는 글자 이미지만 적용하면 됩니다. '말랑말랑 키즈가오 완성!'이라는 글자 이미지는 정보성 이미지이므로 웹 접근성을 고려하여 <img> 태그를 사용합니다.

**예제 소스** Exercise/15장/KidsGao/index.html

```
<!-- Color1 Section -->
<div id="color1">
    <div class="penguin"></div>
    <!-- 웹 접근성을 고려하여 alt 속성값을 꼭 입력합니다. -->
    <img class="color1Bubble" src="img/color/color1/color1bubble.png" alt=
"말랑말랑 키즈가오 완성">
</div>
```

펭귄과 글자 이미지는 relative 속성값을 적용하여 배치 작업을 진행합니다. 펭귄은 top과 left 속성, 글자 이미지는 float와 margin 속성을 사용합니다. 지금까지 배운 정렬 방법 중 자신에게 익숙한 방법이 있다면 그 방법을 적용해도 괜찮습니다.

```css
/*******************
*** Color1 ***
*******************/
#color1 {
    width: 100%;
    height: 750px;
    background-image: url(../img/color/color1/color1_bg.png); /* color1 공간의 배경
    이미지를 삽입합니다. */
}


#color1 .penguin {
    position: relative; /* 펭귄을 2차원, 3차원 특징으로 변경합니다. */
    width: 356px;
    height: 244px;
    background-image: url(../img/color/color1/penguin.png);
    top: 100px; /* 상단에서 100px 떨어진 지점에 배치합니다. */
    left: 100px; /* 왼쪽에서 100px 떨어진 지점에 배치합니다. */
}


#color1 .color1Bubble {
    position: relative; /* 글자 이미지를 2차원, 3차원 특징으로 변경합니다. */
    float: right; /* 글자 이미지를 오른쪽 끝에 배치합니다. */
    margin: 100px 200px 0 0; /* 상단에서 100px, 오른쪽에서 200px 떨어진 지점에 배치합니다. */
}
```

그림 15-4 키즈가오 color2 디자인 결과물

color2 공간에는 목마, 말풍선, 버튼 세 개, 글자 이미지가 배치되어 있습니다. 목마를 제외한 나머지 콘텐츠는 왼쪽 아래에 몰려 있으므로 서랍장으로 관리하는 것이 좋습니다.

왼쪽 아래에 몰려 있는 콘텐츠는 color2Wrap 서랍장을 생성하여 관리합니다. 말풍선은 정보성 이미지이므로 〈img〉 태그를 사용합니다. 버튼 세 개는 btn-wrap 서랍장 안에 입력합니다. 버튼 세 개는 HTML5 신조어인 〈button〉 태그로 작성합니다.

예제 소스 Exercise/15장/KidsGao/index.html

```
〈!-- Color2 Section --〉
<div id="color2">
    <div class="horse"></div>


    〈!-- 왼쪽 하단의 콘텐츠 서랍장 --〉
    <div class="color2Wrap">


        〈!-- 정보성 이미지에는 〈img〉 태그를 사용합니다. --〉
        <img class="color2Bubble" src="img/color/color2/color2bubble.png" alt
="색상을 선택해 보세요.">


        〈!-- 버튼 세 개를 담는 서랍장 --〉
        <div class="btn-wrap">
            <button class="red"></button>
```

```
                <button class="yellow"></button>
                <button class="blue"></button>
            </div>

            <p class="color2Comment">
                아이가 원하는 색상을 직접 만들며 색감을 스스로 발달시킵니다. <br>
                색이 잘 섞이므로 누구나 쉽게 다양한 색을 만들 수 있습니다.
            </p>
        </div>
    </div>
</div>
```

color2 공간의 horse 영역은 float 속성을 사용하여 배치합니다. horse 영역 아래에는 color2Wrap 서랍장이 위치하도록 clear 속성을 사용합니다. 다시 한 번 강조하지만 바늘과 실처럼 float 속성을 사용할 때는 반드시 clear 속성이 따라와야 합니다.

예제 소스 Exercise/15장/KidsGao/css/style.css

```
/*******************
*** Color2 ***
*******************/
#color2 {
    position: relative; /* color2 공간을 2차원, 3차원 특징으로 변경합니다. */
    width: 100%;
    height: 800px;
    background-image: url(../img/color/color2/color2_bg.png) ; /* color2 공간의
    배경 이미지를 삽입합니다. */
}

#color2 .horse {
    float: right; /* 목마를 오른쪽 끝에 배치합니다. */
    width: 188px;
    height: 241px;
    background-image: url(../img/color/color2/horse.png);
```

```
        margin: 100px 100px 0 0;  /* 상단에서 100px, 오른쪽에서 100px 떨어진 지점에 배치합니다. */
    }


    #color2 .color2Wrap {
        /* float 속성의 기능을 해제하기 위해 clear 속성을 입력합니다. */
        clear: both;
        position: relative;  /* color2Wrap 서랍장을 2차원, 3차원 특징으로 변경합니다. */
        width: 500px;
        top: 100px;
        margin-left: 50px;
    }


    #color2 .color2Wrap .color2Bubble {
        margin-bottom: 30px;  /* 말풍선 하단에 공백을 30px만큼 만듭니다. */
    }
```

버튼 세 개를 x축으로 정렬하려면 float 속성이나 inline-block 속성값을 사용해야 합니다. 하지만 〈button〉 태그는 display 속성의 기본값으로 inline-block 속성값을 갖고 있으므로 따로 적용할 필요가 없습니다. 이 덕분에 x축으로는 기본으로 정렬되므로 width와 height 속성을 적용하고 좌우 배치 작업을 할 수 있습니다.

예제 소스 Exercise/15장/KidsGao/css/style.css

```
    #color2 .color2Wrap .btn-wrap {
        margin-bottom: 20px;  /* 버튼 서랍장 하단에 공백을 20px만큼 만듭니다. */
    }

    /* 〈button〉의 공간을 만듭니다. */
    /* 〈button〉은 기본값이 display: inline-block입니다. */
    #color2 .color2Wrap .btn-wrap .red,
    #color2 .color2Wrap .btn-wrap .yellow,
    #color2 .color2Wrap .btn-wrap .blue {
```

```
        width: 59px;
        height: 82px;
}


#color2 .color2Wrap .btn-wrap .red {
        background-image: url(../img/color/color2/btn/btn_red.png); /* 빨간색 버튼
        이미지를 삽입합니다. */
}


#color2 .color2Wrap .btn-wrap .yellow {
        background-image: url(../img/color/color2/btn/btn_yellow.png); /* 노란색
        버튼 이미지를 삽입합니다. */
}


#color2 .color2Wrap .btn-wrap .blue {
        background-image: url(../img/color/color2/btn/btn_blue.png); /* 파란색 버튼
        이미지를 삽입합니다. */
}


#color2 .color2Wrap .color2Comment {
        color: #8E7577; /* 글자 색을 바꿉니다. */
}
```

**TIP**

id와 class 속성값을 입력하는 표기법으로는 다음 세 가지 형식을 많이 사용합니다.

- 케밥 케이스: 하이픈(–)을 사용하여 단어를 연결하는 방식입니다(예: student–score).
- 카멜 케이스: 낙타 등처럼 들쑥날쑥하게 각 단어의 첫 글자만 대문자로 표기하는 방법입니다(예: studentScore).
- 스네이크 케이스: 언더바(_)를 사용하여 뱀처럼 길게 단어를 연결하는 방식입니다(예: student_score).

키즈가오 color3 레이아웃 작업

그림 15-5 키즈가오 color3 디자인 결과물

color3 공간에는 깃발, 책과 인형이 놓인 선반, 로고, 주사위 이미지가 배치됩니다. 여기서 사용한 로고 이미지는 intro 공간에서 삽입한 로고 이미지와 다릅니다. intro 공간에서는 로고와 네 마리 동물 이미지를 따로 제작했지만 color3 공간에는 로고와 동물을 하나의 이미지로 제작했습니다.

color3 공간의 로고 또한 정보성 이미지이므로 〈img〉 태그를 사용합니다.

예제 소스 Exercise/15장/KidsGao/index.html

```
<!-- Color3 Section -->
<div id="color3">
    <div class="flag"></div>
    <div class="book"></div>
    <!-- 정보성 이미지는 <img> 태그를 사용합니다. -->
    <img class="logo" src="img/color/color3/backlogo.png" alt="키즈가오 회사 로고">
    <div class="dice"></div>
</div>
```

로고는 color3 공간을 기준으로 x축 중앙에 배치되도록 left와 margin-left 속성을 사용합니다. 주사위는 color3 공간을 기준으로 왼쪽 하단 끝에 배치되도록 absolute와 left와 bottom 속성을 적용합니다. 사전에 color3 공간에 relative 속성값을 적용해 둬야 합니다.

```
/*******************
*** Color3 ***
*******************/
#color3 {
    position: relative; /* color3 공간을 2차원, 3차원 특징으로 변경합니다. */
    width: 100%;
    height: 800px;
    background-image: url(../img/color/color3/color3_bg.png);
}

#color3 .flag {
    position: relative; /* 깃발을 2차원, 3차원 특징으로 변경합니다. */
    width: 1774px;
    height: 178px;
    background-image: url(../img/color/color3/flag.png);
    /* 중앙 정렬 공식을 사용합니다. */
    left: 50%;
    margin-left: -887px;
}

#color3 .book {
    float: right; /* 선반을 오른쪽 끝에 배치합니다. */
    width: 417px;
    height: 178px;
    background-image: url(../img/color/color3/book.png);
}

#color3 .logo {
    position: absolute; /* 키즈가오 로고를 3차원 특징으로 변경합니다. */
    /* 중앙 정렬 공식을 사용합니다. */
    left: 50%;
    margin-left: -378.5px;
}
```

```
#color3 .dice {
    position: absolute; /* 주사위를 3차원 특징으로 변경합니다. */
    width: 239px;
    height: 200px;
    background-image: url(../img/color/color3/dice.png);
    left: 0; /* color3 공간을 기준으로 주사위를 왼쪽 끝에 배치합니다. */
    bottom: 0; /* color3 공간을 기준으로 주사위를 하단 끝에 배치합니다. */
}
```

TIP  Day 12~15에서 진행한 키즈가오 HTML 코드에는 웹 접근성을 고려하지 않고 작업한 영역이 두 군데 있습니다. 해당 영역이 어디인지 찾아보고 어떻게 수정하면 좋을지 고민해 보세요.

**기발자의 개발 노트**

kitchen 공간을 볼 때마다 스팀기와 관련된 한 가지 추억(?)이 떠오른다. 당시 스팀기를 배치하기 위해 absolute 속성값을 적용하고 top, left, margin-left 속성으로 정렬 작업을 진행했다. 속성값을 입력하고 결과를 확인했더니 스팀기가 사라져 버렸다.

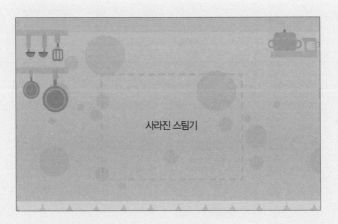
사라진 스팀기

무엇이 문제인지 몰라 코드를 여기저기 뒤져 봤지만 도무지 알 수 없었다. top, left, margin-left 속성을 제거하면 스팀기가 정상으로 출력되다 해당 속성만 입력하면 사라져 버렸다. 두 시간 넘게 원인을 찾아 헤매었지만 결국 찾지 못하고 작업을 접어야 했다.

다음날 다시 문제를 해결하기 위해 index.html 파일을 실행했는데 스팀기가 로고 위쪽에 떡하니 배치되어 있었다.

스팀기가 사라진 이유는 kitchen 공간을 relative 속성값으로 감싸지 않았기 때문이다. 이때 처음으로 부모 자식 간 position 속성의 상관관계를 인지하기 시작했다.

이 문제를 겪은 후 한동안 모든 부모에게 relative 속성값을 남발하듯 사용했다. 앞서 position 속성의 중요성을 여러 차례 강조한 이유도 이때 겪은 일이 트라우마로 남았기 때문이다. 다시 한 번 강조하지만 position 속성은 정말 중요한 개념이다. 가능하면 모든 경우의 수를 살펴보기 바란다.

# 키즈가오에
# 애니메이션 적용하기

이번 시간에는 키즈가오 웹 사이트에 생명을 불어넣는 애니메이션 효과를 적용하겠습니다. 키즈가오에 적용된 애니메이션 효과는 회전, 포물선, 수평 이동 등입니다. 애니메이션 작업을 할 마음의 준비가 덜 되었다면 Day 10의 애니메이션 내용을 다시 한 번 살펴보길 바랍니다.

## 1 키즈가오 애니메이션 파일 연동하기

키즈가오는 애니메이션 효과가 여러 개라 코드가 상당히 깁니다. 그래서 애니메이션 효과를 animation.css 파일로 생성하여 따로 관리합니다. style.css 파일을 생성한 것과 같은 방식으로 css 폴더 안에 animation.css 파일을 만들고 〈link〉 태그를 사용하여 HTML 문서 안에 animation.css 파일을 연동시킵니다.

**예제 소스** Exercise/16장/KidsGao/index.html

```html
<!DOCTYPE html>
<html>
<head>
    <meta charset="UTF-8">
    <meta name="description" content="우리쌀 점토로 만든 키즈가오 웹 사이트 소개">
    <meta name="keywords" content="키즈가오, 점토, 장난감">
    <meta name="author" content="김인권">
    <title>키즈가오</title>
    <link rel="stylesheet" href="css/style.css">

    <!-- animation 파일을 연동합니다. -->
    <link rel="stylesheet" href="css/animation.css">
```

```
</head>
<body>…</body>
</html>
```

<link> 태그를 작성할 때는 적용 순서를 주의해야 합니다. 애니메이션은 레이아웃 작업을 마친 후에 적용하는 것이 일반적입니다. 그래서 <link> 태그의 적용 순서는 style.css 파일을 먼저 연결한 다음에 animation.css 파일을 적용하는 것이 좋습니다(반대로 작성해도 결과는 같습니다. 다만 이렇게 하면 브라우저가 애니메이션 파일을 먼저 불러오고 난 다음에 레이아웃 파일을 불러오게 됩니다).

## 2 키즈가오 intro 공간에 애니메이션 적용하기

intro 공간에는 사자, 토끼, 곰, 원숭이가 회전하는 애니메이션, 잠자리가 수평으로 움직이는 애니메이션이 적용됩니다(실제로 제작한 버전에서는 특정 시점에서 구름이 양쪽으로 밀려나는 효과도 적용했지만 이 부분은 자바스크립트와 제이쿼리 영역이므로 생략합니다).

먼저 사자가 회전하는 애니메이션부터 적용하겠습니다.

예제 소스 Exercise/16장/KidsGao/css/animation.css

```
/*******************
*** Intro ***
*******************/
#intro .introWrap .lion {
    animation: spinLion 1500ms linear infinite alternate;
                  ❶        ❷      ❸       ❹        ❺
}
```

❶ 웹 사이트에 접속했을 때 특별한 조건이 없어도 애니메이션이 자동으로 동작하도록 animation 속성을 사용합니다. 애니메이션 이름은 회전하는 사자라는 의미를 담아서 spinLion 속성값을 입력합니다(다른 이름으로 수정해도 괜찮습니다).

❷ 애니메이션을 동작하는 데 걸리는 시간에는 1500ms*를 입력합니다. 동작하는 데 걸리는 시간은 @keyframes 속성에 있는 from~to 부분으로 움직이는 시간을 뜻합니다.

❸ 애니메이션 속도에는 linear 속성값을 적용합니다. linear 속성값은 속도를 시작부터 끝까지 일정하게 지정할 때 사용합니다.

❹ 애니메이션 횟수에는 infinite 속성값을 적용합니다. infinite 속성값은 무제한을 뜻합니다.

❺ 애니메이션 진행 방향에는 alternate 속성값을 입력합니다. alternate 속성값은 from~to, to~from으로 움직이는 반복 효과를 나타냅니다.

한 줄로 작성한 animation 속성을 다음과 같이 풀어서 정리할 수도 있습니다.

```
animation-name: spinLion; /* 애니메이션 이름을 spinLion으로 설정합니다 */
animation-duration: 1500ms; /* 애니메이션 진행 시간을 1.5초로 지정합니다. */
animation-timing-function: linear; /* 애니메이션 속도를 일정하게 적용합니다. */
animation-iteration-count: infinite; /* 애니메이션을 무한 반복합니다. */
animation-direction: alternate; /* 애니메이션을 반복해서 움직입니다. */
```

애니메이션 조건을 입력했다면 @keyframes 속성의 from~to 키워드에 회전 효과를 적용해야 합니다. @keyframes 속성을 적용하기 전에는 앞에서 작성한 애니메이션 이름을 옆에 작성해야 하는 것을 잊지 마세요.

사자의 각도를 조정하기 위해 Day 10에서 언급한 transform: rotate()를 사용합니다. from과 to 키워드에는 각각 transform: rotate(-10deg)와 transform: rotate(10deg)를 적용합니다.

---

\* ms는 밀리초(millisecond)를 뜻합니다. 1000ms는 1초이므로 1500ms는 1.5초입니다.

그럼 사자는 -10° ~ +10°, 총 20°를 움직이며 회전합니다.

예제 소스 Exercise/16장/KidsGao/css/animation.css

```
/*******************
*** Intro ***
*******************/
#intro .introWrap .lion {
    animation: spinLion 1500ms linear infinite alternate;
}


@keyframes spinLion {
    from { transform:rotate(-10deg); } /* -10도 지점에서 시작됩니다. */
    to { transform:rotate(10deg); } /* 10도 지점까지 움직입니다. */
}
```

그림 16-1 transform: rotate 속성에 따른 회전 효과

다음으로 토끼, 곰, 원숭이에도 애니메이션을 적용하겠습니다. 사자와 동일한 회전 효과를 적용하지만 움직이는 시간이나 각도는 다르게 설정해야 합니다. from~to로 움직이는 시간과 rotate 속성값의 각도를 조정합니다.

예제 소스 Exercise/16장/KidsGao/css/animation.css

```
#intro .introWrap .rabbit {
    /* from~to로 움직이는 조건을 조정합니다. */
    animation: spinRabbit 1000ms linear infinite alternate;
```

```css
        }

@keyframes spinRabbit {
        /* 움직이는 각도를 조정합니다. */
        from { transform:rotate(0deg); }
        to { transform:rotate(5deg); }
}

#intro .introWrap .bear {
        /* from~to로 움직이는 조건을 조정합니다. */
        animation: spinBear 1000ms linear infinite alternate;
}

@keyframes spinBear {
        /* 움직이는 각도를 조정합니다. */
        from { transform:rotate(10deg); }
        to { transform:rotate(-10deg); }
}

#intro .introWrap .monkey {
        /* from~to로 움직이는 조건을 조정합니다. */
        animation: spinMonkey 800ms linear infinite alternate;
}

@keyframes spinMonkey {
        /* 움직이는 각도를 조정합니다. */
        from { transform:rotate(20deg); }
        to { transform:rotate(50deg); }
}
```

브라우저 호환성을 고려하여 하위 브라우저에서도 해당 애니메이션을 적용하려면 접두사
(prefix)를 붙여야 합니다(Day 10 참조).

```
/******************
*** Intro ***
******************/
#intro .introWrap .lion {
    /* -webkit- : 크롬, 사파리 브라우저를 고려합니다. */
    -webkit-animation: spinLion 1500ms linear infinite alternate;

    /* -moz- : 파이어폭스 브라우저를 고려합니다. */
    -moz-animation: spinLion 1500ms linear infinite alternate;

    animation: spinLion 1500ms linear infinite alternate;
}

/* -webkit- : 크롬, 사파리 브라우저를 고려합니다. */
@-webkit-keyframes spinLion {
    from { -webkit-transform: rotate(-10deg); }
    to { -webkit-transform: rotate(10deg); }
}

/* -moz- : 파이어폭스 브라우저를 고려합니다. */
@-moz-keyframes spinLion {
    from { -moz-transform: rotate(-10deg); }
    to { -moz-transform: rotate(10deg); }
}

@keyframes spinLion {
    from { transform:rotate(-10deg); }
    to { transform:rotate(10deg); }
}

#intro .introWrap .rabbit {
    -webkit-animation: spinRabbit 1000ms linear infinite alternate;
    -moz-animation: spinRabbit 1000ms linear infinite alternate;
```

```css
        animation: spinRabbit 1000ms linear infinite alternate;
}

@-webkit-keyframes spinRabbit {
    from { -webkit-transform: rotate(0deg); }
    to { -webkit-transform: rotate(5deg); }
}

@-moz-keyframes spinRabbit {
    from { -moz-transform: rotate(0deg); }
    to { -moz-transform: rotate(5deg); }
}

@keyframes spinRabbit {
    from { transform:rotate(0deg); }
    to { transform:rotate(5deg); }
}

#intro .introWrap .bear {
    -webkit-animation: spinBear 1000ms linear infinite alternate;
    -moz-animation: spinBear 1000ms linear infinite alternate;
    animation: spinBear 1000ms linear infinite alternate;
}

@-webkit-keyframes spinBear {
    from { -webkit-transform: rotate(10deg); }
    to { -webkit-transform: rotate(-10deg); }
}

@-moz-keyframes spinBear {
    from { -moz-transform: rotate(10deg); }
    to { -moz-transform: rotate(-10deg); }
}
```

```
@keyframes spinBear {
    from { transform:rotate(10deg); }
    to { transform:rotate(-10deg); }
}


#intro .introWrap .monkey {
    -webkit-animation: spinMonkey 800ms linear infinite alternate;
    -moz-animation: spinMonkey 800ms linear infinite alternate;
    animation: spinMonkey 800ms linear infinite alternate;
}


@-webkit-keyframes spinMonkey {
    from { -webkit-transform: rotate(20deg); }
    to { -webkit-transform: rotate(50deg); }
}


@-moz-keyframes spinMonkey {
    from { -moz-transform: rotate(20deg); }
    to { -moz-transform: rotate(50deg); }
}


@keyframes spinMonkey {
    from { transform:rotate(20deg); }
    to { transform:rotate(50deg); }
}
```

이번에는 잠자리가 화면 왼쪽에서 오른쪽으로 이동하는 애니메이션을 만들겠습니다. 애니메이션 이름은 날아다니는 잠자리라는 의미를 담아 flyDragonfly 속성값을 적용했습니다. 애니메이션 속도에는 linear, 애니메이션 동작 시간에는 7s를 적용합니다. 애니메이션 진행 횟수에는 무한 반복하는 infinite, 진행 방향에는 정방향으로 움직이는 normal 속성값을 입력합니다.

Exercise/16장/KidsGao/css/animation.css

```css
#intro .cloudWrap .dragonfly {
    /* normal 속성값은 생략할 수 있습니다. */
    animation: flyDragonfly linear 7s infinite normal;
}
```

정방향은 from~to, 역방향은 to~from으로 이동하는 것을 말합니다. animation-direction 속성의 초기 속성값은 이미 normal로 설정되어 있으므로 정방향으로 이동할 때는 normal을 생략해도 됩니다.

잠자리는 브라우저 왼쪽 화면 밖에서 등장하여 오른쪽 화면 밖으로 사라집니다. 왼쪽 화면 밖으로 잠자리를 이동시켜야 하므로 from 키워드에 left: -366px을 적용합니다. 여기서 366px은 잠자리 너비입니다.

반대로 잠자리가 오른쪽 화면 밖으로 사라지게 하려면 브라우저 창의 너비보다 큰 값을 입력해야 합니다. 브라우저 창의 너비는 모니터 크기에 따라 다르므로 고정값(px) 대신 가변값(%)을 사용해야 합니다. 브라우저 왼쪽 끝에서 오른쪽 끝까지의 값은 100%이므로 이보다 10% 정도 더 이동시키면 모니터 크기에 상관없이 항상 화면 밖으로 사라집니다.

Exercise/16장/KidsGao/css/animation.css

```css
#intro .cloudWrap .dragonfly {
    animation: flyDragonfly linear 7s infinite normal;
}


@keyframes flyDragonfly {
    from { left: -366px; } /* -366px 지점에서 시작합니다. */
    to { left: 110%; } /* 110% 지점까지 움직입니다(브라우저 밖으로 사라집니다). */
}
```

그림 16-2 왼쪽 화면 밖에서 오른쪽 화면 밖으로 사라지는 잠자리 효과

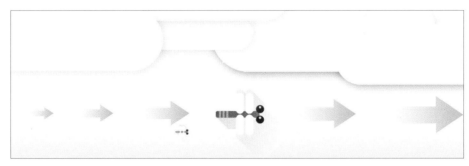

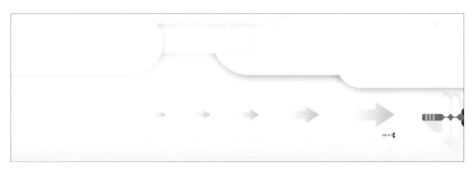

TIP
CSS3 신조어 속성 앞에 붙이는 접두사는 이후 연습 과정에서는 생략하겠습니다. 하지만 실무에서는 꼭 접두사를 넣어야 한다는 것을 잊지 마세요.

farm3 공간에는 기계의 타이머와 톱날이 회전하는 애니메이션을 적용합니다. 타이머와 왼쪽 톱날은 시계 방향으로 360° 회전하고 오른쪽 톱날은 시계 반대 방향으로 360° 회전합니다.

intro 공간과 마찬가지로 타이머와 톱날의 회전 애니메이션에는 animation과 transform 속성을 사용합니다. 각 영역의 애니메이션 이름에서 타이머는 rotateTimer, 왼쪽 톱날은 rotateLeftSaw, 오른쪽 톱날은 rotateRightSaw로 입력합니다.

from~to로 동작하는 데 걸리는 시간을 10000ms(10초), 속도를 linear, 횟수를 infinite 로 적용합니다.

**예제 소스** Exercise/16장/KidsGao/css/animation.css

```css
/*******************
*** Farm3 ***
*******************/
#farm3 .machineWrap .timer {
    animation: rotateTimer 10000ms linear infinite;
}


#farm3 .machineWrap .saw1 {
    animation: rotateLeftSaw 10000ms linear infinite;
}


#farm3 .machineWrap .saw2 {
    animation: rotateRightSaw 10000ms linear infinite;
}
```

시계 방향으로 360° 회전하는 애니메이션을 적용하려면 from 키워드를 transform: rotate(0deg), to 키워드를 transform: rotate(360deg)로 입력합니다. 시계 반대 방향 으로 회전하는 애니메이션을 적용하려면 from 키워드를 transform: rotate(360deg), to 키워드를 transform: rotate(0deg)로 입력합니다.

```css
/*******************
*** Farm3 ***
*******************/
#farm3 .machineWrap .timer {
    animation: rotateTimer 10000ms linear infinite;
}


/* 시계 방향으로 움직입니다. */
@keyframes rotateTimer {
    from { transform:rotate(0deg); }
    to { transform:rotate(360deg); }
}


#farm3 .machineWrap .saw1 {
    animation: rotateLeftSaw 10000ms linear infinite;
}


/* 시계 방향으로 움직입니다. */
@keyframes rotateLeftSaw {
    from { transform:rotate(0deg); }
    to { transform:rotate(360deg); }
}


#farm3 .machineWrap .saw2 {
    animation: rotateRightSaw 10000ms linear infinite;
}


/* 시계 반대 방향으로 움직입니다. */
@keyframes rotateRightSaw {
    from { transform:rotate(360deg); }
    to { transform:rotate(0deg); }
}
```

그림 16-3 **키즈가오 farm3 공간: 타이머와 톱날 부분이 좌우로 회전하는 애니메이션**

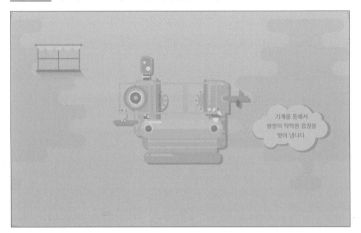

## 4 키즈가오 forest 공간에 애니메이션 적용하기

forest1 공간에는 토끼가 회전하는 애니메이션, forest2 공간에는 기계가 좌우로 움직이는 애니메이션, forest3 공간에는 새가 회전하는 애니메이션을 적용합니다. forest1과 forest3 공간에는 intro 공간에 적용한 동물들의 회전 효과를 똑같은 방법으로 적용하면 됩니다. forest2 공간에 적용할 기계가 좌우로 움직이는 애니메이션 역시 intro 공간에 적용한 잠자리가 움직이는 애니메이션을 응용하면 됩니다.

먼저 forest1 공간에서 큰 토끼와 작은 토끼에 각각 spinRabbitOne과 spinRabbitTwo 애니메이션 이름을 적용합니다. 애니메이션 지속 시간을 1000ms(1초), 속도를 linear로 입력합니다. 횟수는 제한이 없기 때문에 infinite를 사용하고, 애니메이션 진행 방향은 반복 효과를 적용하기 위해 alternate를 적용합니다. from~to에는 각도를 조정할 수 있도록 transform: rotate()를 사용합니다.

예제 소스 **Exercise/16장/KidsGao/css/animation.css**

```
/*******************
*** Forest1 ***
*******************/
```

```
#forest1 .treeWrap .rabbit1 {
    animation: spinRabbitOne 1000ms linear infinite alternate;
}

@keyframes spinRabbitOne {
    from { transform:rotate(0deg); } /* 0도에서 시작합니다. */
    to { transform:rotate(10deg); } /* 10도까지 움직입니다. */
}

#forest1 .treeWrap .rabbit2 {
    animation: spinRabbitTwo 1000ms linear infinite alternate;
}

@keyframes spinRabbitTwo {
    from { transform:rotate(10deg); }
    to { transform:rotate(0deg); }
}
```

그림 16-4 키즈가오 forest1 공간: 토끼가 회전하는 애니메이션

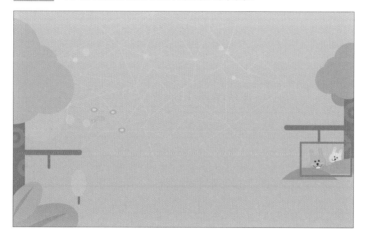

forest2 공간에서 기계의 왼쪽 부품과 오른쪽 부품에는 각각 moveLeft와 moveRight 애니메이션 이름을 적용합니다. 애니메이션 지속 시간을 1s, 속도를 linear, 횟수를 infinite로 적용합니다. 그리고 반복 효과를 적용하기 위해 alternate를 입력합니다.

양쪽 기계 부품은 서로 반대 반향으로 움직이므로 왼쪽 기계에는 left: 30px과 left: 0을 적용하고, 오른쪽 기계 부품에는 left: -30px과 left: 0을 입력합니다.

예제 소스 Exercise/16장/KidsGao/css/animation.css

```
/*******************
*** Forest2 ***
*******************/
#forest2 .machineWrap2 .machineLeft {
    animation: moveLeft 1s linear infinite alternate;
}

@keyframes moveLeft {
    from { left:30px; }  /* 왼쪽 30px 지점에서 시작합니다. */
    to { left:0; }  /* 왼쪽 0px 지점까지 움직입니다. */
}

#forest2 .machineWrap2 .machineRight {
    animation: moveRight 1s linear infinite alternate;
}

@keyframes moveRight {
    from { left:-30px; }  /* 왼쪽 -30px 지점에서 시작합니다. */
    to { left:0; }  /* 왼쪽 0px 지점까지 움직입니다. */
}
```

그림 16-5 키즈가오 forest2 공간: 기계가 좌우로 움직이는 애니메이션

forest3 공간에 배치된 작은 새와 큰 새에는 각각 spinSmallbird와 spinBigbird라는 애니메이션 이름을 적용합니다. 애니메이션 지속 시간을 둘 다 1000ms, 속도를 linear, 횟수를 infinite, 진행 방향을 alternate로 입력합니다. 이전 애니메이션과 마찬가지로 회전 애니메이션에는 transfrom: rotate()를 사용합니다.

예제 소스 Exercise/16장/KidsGao/css/animation.css

```
/*******************
*** Forest3 ***
*******************/
#forest3 .forest3Wrap .smallBird {
    animation: spinSmallbird 1000ms linear infinite alternate;
}

@keyframes spinSmallbird {
    from { transform:rotate(0deg); } /* 0도에서 시작합니다. */
    to { transform:rotate(10deg); } /* 10도까지 움직입니다. */
}

#forest3 .forest3Wrap .bigBird {
    animation: spinBigbird 1000ms linear infinite alternate;
```

```
    }

@keyframes spinBigbird {
    from { transform:rotate(-10deg); }  /* -10도에서 시작합니다. */
    to { transform:rotate(10deg); }  /* 10도까지 움직입니다. */
}
```

키즈가오 forest3 공간: 작은 새와 큰 새가 움직이는 애니메이션

### ⑤ 키즈가오 science 공간에 애니메이션 적용하기

science 공간에는 비커가 상하로 회전하는 애니메이션을 적용합니다. 회전 애니메이션은 키즈가오에서 가장 많이 사용하는 애니메이션입니다. intro와 farm 공간에 적용한 회전 애니메이션과 구현 방법이 동일하므로 기존의 회전 애니메이션에 사용한 CSS 속성을 복사하여 붙여 넣은 다음 애니메이션 이름, 속도, 횟수, 진행 방향, 각도 등의 특정 속성값만 수정하면 손쉽게 구현할 수 있습니다.

왼쪽 상단에 있는 비커의 애니메이션 이름을 spinGly, 오른쪽 상단에 있는 비커의 애니메이션 이름을 spinWater로 입력합니다. 둘 다 지속 시간을 1500ms, 속도를 linear, 횟수를 infinite, 진행 방향을 alternate로 입력합니다.

```
/*******************
*** Science ***
*******************/
#science .scienceWrap .gly {
    animation: spinGly 1500ms linear infinite alternate;
}

@keyframes spinGly {
    from { transform:rotate(0deg); } /* 0도에서 시작합니다. */
    to { transform:rotate(50deg); } /* 50도까지 움직입니다 */
}

#science .scienceWrap .water {
    animation: spinWater 1500ms linear infinite alternate;
}

@keyframes spinWater {
    from { transform:rotate(0deg); }
    to { transform:rotate(-50deg); }
}
```

그림 16-7 키즈가오 science 공간: 두 비커의 상하 회전 애니메이션

## 6 키즈가오 night1, night2, morning 공간에 애니메이션 적용하기

night1 공간에서는 별 세 개가 작아졌다 커졌다를 반복합니다. night2와 morning 공간에는 해와 달이 수평으로 움직이는 애니메이션을 적용합니다.

먼저 night1 공간에 있는 별이 작아졌다 커졌다를 반복하도록 만들겠습니다. star1, start2, start3 모두에 같은 효과가 적용되므로 한 코드 안에 작성합니다. 애니메이션 이름을 pulseStar, 지속 시간을 1s, 속도를 linear, 횟수를 infinite, 진행 방향을 alternate로 적용합니다.

별의 크기는 transform: scale()로 조정합니다. from 키워드에는 기존 이미지 크기 비율이 유지되도록 transform: scale(1)을 적용하고, to 키워드에는 기존 이미지 크기보다 0.8배 줄도록 transform: scale(0.8)을 입력합니다.

예제 소스 Exercise/16장/KidsGao/css/animation.css

```
/*******************
*** Night1 ***
*******************/
#night1 .starWrap .star1,
#night1 .starWrap .star2,
#night1 .starWrap .star3 {
    animation: pulseStar 1s linear infinite alternate;
}

@keyframes pulseStar {
    from { transform: scale(1); } /* 원본 크기에서 시작됩니다. */
    to { transform: scale(0.8); } /* 원본 크기보다 0.8배 작아집니다. */
}
```

그림 16-8 키즈가오 night1 공간: 별 세 개가 작아졌다 커졌다 하는 효과

night2와 morning 공간에 있는 달과 해를 움직이는 애니메이션은 앞에서 적용한 잠자리의 CSS 속성을 그대로 적용하면 됩니다. 달과 해의 애니메이션 이름을 각각 moveMoon과 moveSun으로 입력합니다. 속도를 linear, 지속 시간을 10s, 진행 방향을 alternate로 적용합니다. 달과 해가 동시에 움직이면 단조로울 수 있으므로 해가 조금 천천히 움직이도록 1.5초(1500ms)만큼 지연시킵니다(delay).

예제 소스 Exercise/16장/KidsGao/css/animation.css

```
/*******************
*** Night2 ***
*******************/
#night2 .moon {
    animation: moveMoon linear 10s infinite;
}


/*******************
*** Morning ***
*******************/
#morning .sun {
    animation: moveSun linear 10s 1500ms infinite;
}
```

해와 달 모두 잠자리와 마찬가지로 브라우저의 왼쪽 밖에서 등장하여 오른쪽 화면 밖으로 사라집니다. 이를 위해 해와 달에 각각 margin-left: -135px;과 margin-left -131px;을 적용합니다. 135px과 131px은 해와 달의 너비입니다. 오른쪽 화면 밖으로 사라지게 만들려면 브라우저 창 너비보다 큰 margin-left: 110%;을 적용합니다.

예제 소스 Exercise/16장/KidsGao/css/animation.css

```css
/*********************
*** Night2 ***
*********************/
#night2 .moon {
    animation: moveMoon linear 10s infinite;
}


@keyframes moveMoon {
    from { margin-left: -135px; }  /* 왼쪽 -135px 지점에서 시작합니다. */
    to { margin-left: 110%; }  /* 왼쪽 110% 지점까지 이동합니다. */
}


/*********************
*** Morning ***
*********************/
#morning .sun {
    animation: moveSun linear 10s 1500ms infinite;
}


@keyframes moveSun {
    from { margin-left: -131px; }
    to { margin-left: 110%; }
}
```

그림 16-9 키즈가오 night2 공간: 달이 왼쪽 밖에서 등장하여 오른쪽 밖으로 사라지는 효과

그림 16-10 키즈가오 morning 공간: 해가 왼쪽 밖에서 등장하여 오른쪽 밖으로 사라지는 효과

여기서 한 가지 주의할 점이 있습니다. 바로 잠자리에서 적용한 left 속성을 달과 해에서는 사용할 수 없다는 점입니다. 그 이유는 style.css 파일에 적용한 position 속성의 속성값과 관계가 있습니다.

잠자리는 absolute 속성값을 적용한 상태이므로 3차원 특성이 있습니다. 따라서 left 속성을 사용할 수 있습니다. 반면 달과 해는 어떤 position 속성의 속성값도 입력하지 않은 상태, 즉 position: 속성이 static 속성값인 상태이므로 2차원 특성이 있어 left 속성을 사

용할 수 없습니다. 이렇듯 애니메이션은 position 속성의 속성값과도 관계가 깊으므로 유의해서 사용해야 합니다.

 **키즈가오 kitchen 공간에 애니메이션 적용하기**

kitchen 공간에는 연기가 곡선을 그리면서 움직이는 애니메이션을 적용합니다. 이 애니메이션을 구현해 달라는 요청을 받았을 때는 어떻게 만들어야 할지 막막했습니다. 직선으로 움직이는 애니메이션은 시작과 끝 지점만 잘 설정하면 쉽게 구현할 있지만, 곡선은 시작과 끝 중간중간에 값을 실시간으로 입력해야 해서 굉장히 어렵기 때문입니다.

CSS3 Animation으로는 구현하기 어려울 거라 생각하고 자바스크립트로 구현할 수 있는 방법(프로그래밍 로직으로 애니메이션을 구현)을 온라인에서 찾던 중 애니메이션 개발 도구인 Stylie를 발견했습니다. 마치 사막에서 오아시스를 만난 기분이었습니다.

Stylie URL  https://jeremyckahn.github.io/stylie/

**그림 16-11** 애니메이션 개발 도구 Stylie

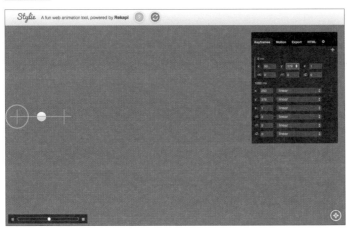

Stylie는 웹에서 애니메이션 효과를 구현할 때 사용하는 애니메이션 개발 도구입니다. 웹에서 CSS 애니메이션을 쉽고 빠르게 제작할 수 있으며, 제작된 결과물은 CSS 코드로 가져와서 사용할 수 있습니다.

### Stylie 주요 기능 살펴보기

Stylie의 주요 기능을 살펴보겠습니다. 먼저 Keyframes 메뉴에서 + 버튼을 누르면 애니메이션 변화 지점을 추가할 수 있습니다.

0ms, 1000ms, 2000ms는 애니메이션 속도를 의미합니다. 해당 속도를 클릭하여 속도값을 조정할 수 있습니다. x와 y는 애니메이션을 적용할 지점의 좌표입니다. linear을 클릭하면 애니메이션 동작 유형을 바꿀 수 있는 메뉴가 등장합니다.

가운데 애니메이션 변화 지점 위치를 변경하고 easeOutCirc를 선택하면 다음과 같이 곡선을 그리면서 움직이는 애니메이션 동작으로 바뀝니다.

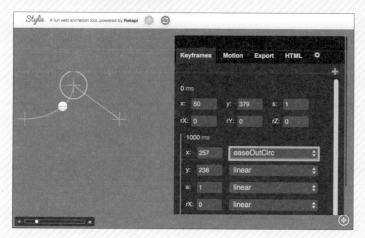

Motion 메뉴에서는 나만의 애니메이션 속도 유형을 지정할 수 있습니다. Export 메뉴에서는 자신이 구현한 애니메이션 효과를 CSS로 추출합니다.

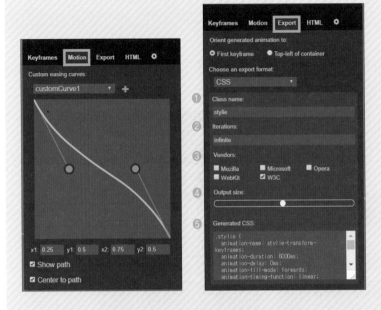

❶ Class name에서는 CSS 클래스 이름을 지정할 수 있습니다. ❷ interations는 애니메이션 반복 횟수, ❸ Vendors는 크로스 브라우징을 고려할 브라우저의 접두사를 추가할 때 사용합니다. ❹ Output size는 좀 더 세밀한 애니메이션 효과를 적용할 때 사용합니다. 가로 스크롤을 움직이면 0~100% 간격이 더 촘촘해집니다. ❺ Generated CSS에는 완성된 애니메이션의 CSS 코드가 담겨 있습니다. 데스크톱에서 작업한 CSS 파일에 해당 CSS 코드를 복사한 다음 클래스명과 애니메이션 이름을 변경해 주기만 하면 됩니다.

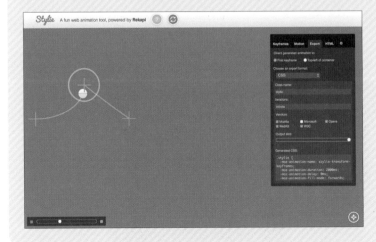

그럼 Stylie를 사용하여 스팀 기기의 연기 효과를 구현해 보겠습니다. 먼저 애니메이션이 끝나는 지점보다 낮은 위치에서 애니메이션이 시작되므로 시작점을 x: 300, y: 500, 끝나는 지점을 x: 200, y: 200으로 지정합니다. 애니메이션 시간을 2000ms, 애니메이션 동작 유형을 easeOutCubic으로 설정합니다.

Export 메뉴로 넘어가서 Iterations에 infinite를 입력합니다. 하단의 Generated CSS에 생성된 CSS 코드를 복사하고 animation.css 파일 안에 붙여 넣습니다.

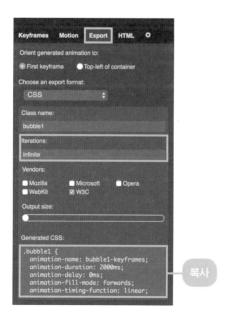

붙여 넣은 코드에서 클래스명과 애니메이션 이름을 작성합니다. @keyframes 속성에서 transform 속성을 제외한 나머지 불필요한 코드를 제거합니다.

예제 소스 Exercise/16장/KidsGao/css/animation.css

```
/*******************
*** kitchen ***
*******************/
/* 클래스명을 작성합니다. */
#kitchen .steamWrap .bubble1 {
    animation-name: bubble1; /* 애니메이션 이름을 작성합니다. */
    animation-duration: 2000ms;
    animation-delay: 0ms;
    animation-fill-mode: forwards;
    animation-timing-function: linear;
    animation-iteration-count: infinite;
    transform-origin: 0 0;
}

@keyframes bubble1 {
    /* transform을 제외한 나머지 불필요한 코드는 삭제합니다. */
    0% {transform:translate(0px, 0px) }
    50% {transform:translate(-87.5px, -150px) }
    100% {transform:translate(-100px, -300px) }
}
```

그림 16-12 키즈가오 kitchen 공간: 스팀 애니메이션 효과

이처럼 Stylie를 사용하면 복잡한 애니메이션 효과도 쉽게 구현할 수 있습니다. 다만 치명적인 단점이 하나 있습니다. 추출된 코드를 보면 우리가 적용한 애니메이션과 관계없는 CSS 속성까지 추가되어 코드 분량이 꽤 깁니다. 데스크톱에서는 크게 문제되지 않지만 성능이 떨어지는 모바일 기기에서는 애니메이션 효과가 뚝뚝 끊기면서 나타날 수 있습니다. 따라서 Stylie는 지금처럼 특정한 상황에만 사용하는 것이 좋습니다.

## 8 맺음말

이것으로 키즈가오 웹 사이트 레이아웃과 애니메이션 작업을 모두 마쳤습니다. 지금까지 입력한 코드를 천천히 살펴보면 반복해서 사용된 CSS 속성이 눈에 띌 것입니다. 이 코드만 잘 숙지해도 대부분의 레이아웃 작업을 간단하게 진행할 수 있습니다. 나머지는 공간에 그림자 효과를 준다거나 글자 형태를 변경하는 등 디자인 영역에 가까운 속성들입니다.

키즈가오 실습은 여기서 끝나지만 이 책에서 알려 주는 방법이 아닌 다른 방법으로도 키즈가오 레이아웃 작업을 진행해 보길 권합니다. 입문 단계에서는 사이트를 여러 개 만드는 것보다 사이트 하나를 반복해서 만드는 것이 더 효과적인 공부법입니다.

필자 역시 키즈가오 웹 사이트를 스무 번 넘게 작업했습니다. 처음에는 길을 찾지 못해 시행착오도 겪었지만 시간이 지날수록 코드도 간소해지고 작업도 효율적으로 바뀌었습니다. 웹사이트 레이아웃 작업은 운동과 비슷한 부분이 많습니다. 운동은 눈으로만 해서는 늘지 않습니다. 코딩도 코드를 눈으로만 봐서는 늘지 않습니다. 코드를 직접 손으로 타이핑해서 몸으로 익히는 것이야 말로 가장 빠른 공부법입니다.

기획자에게 키즈가오에 적용해야 할 여러 가지 애니메이션 효과를 들었을 때 어떻게 구현해야 할지 몰라 막막했다. 당시에는 CSS 애니메이션 속성이 있는지조차 몰랐고 모든 기능과 효과는 자바스크립트 언어로만 구현할 수 있다고 생각했기 때문이다. 한 달 정도는 자바스크립트로 애니메이션 효과를 구현하기 위해 노력했지만 프로그래밍에 갓 입문한 필자의 능력으로는 감당하기 어렵다는 사실을 깨달았다.

여러 개발자 커뮤니티에 질문을 올려가며 답을 구하던 중 우연히 CSS 언어에도 애니메이션 효과를 구현할 수 있는 속성이 있다는 걸 알게 되었다. 유레카! 자바스크립트 언어로는 며칠이 걸리는 작업도 CSS 애니메이션 속성을 사용하면서 몇십분 안에 해결할 수 있었다.

Day 10에서도 언급했지만 CSS3 신조어가 등장하기 전에는 회전이나 수평 이동 등 간단한 애니메이션조차 자바스크립트 언어로 구현해야 했다. 웹에 적용되는 자바스크립트 언어를 파악하고 복잡한 논리 구조를 만드는 과정이 웹 개발 영역에 발을 들인 지 얼마 안 된 입문자에게는 큰 고난이었다.

하지만 CSS 애니메이션 속성을 사용하면 자바스크립트 언어보다 더 직관적이고 쉽고 빠르게 간단한 효과를 제작할 수 있다.

국내외 블로그를 살펴보면 CSS 애니메이션과 자바스크립트 언어를 대결 구도로 만들어 성능을 비교한 글을 자주 본다. 두 언어의 성능 차이는 작성자마다 이견이 있으므로 상황이나 형편을 고려하여 잘 맞는 언어를 선택하면 된다.

다음 링크는 CSS3 애니메이션과 자바스크립트 성능을 비교한 블로그 주소이다. 참고하면 도움이 될 것이다.

CSS3 애니메이션 어떻게 사용하고 계신가요? URL
https://brunch.co.kr/@99-life/2

CSS3 Animations vs JavaScript URL
https://css-tricks.com/myth-busting-css-animations-vs-javascript/

# 찾아보기